부들부들 청년

1판1쇄 | 2017년 7월 14일

지은이 | 경향신문 특별취재팀

펴낸이 | 정민용
편집장 | 안중철
책임편집 | 윤상훈
편집 | 강소영, 이진실, 최미정

펴낸 곳 | 후마니타스(주)
등록 | 2002년 2월 19일 제300-2003-108호
주소 | 서울 마포구 양화로6길 19, 3층 (서교동)
전화 | 편집_02.739.9929/9930 영업_02.722.9960 팩스_0505.333.9960

블로그 | humabook.blog.me
페이스북 | humanitasbook
인스타그램 | humanitasbook
트위터 | @humanitasbook
이메일 | humanitasbooks@gmail.com

인쇄 | 천일문화사_031.955.8083 제본 | 일진제책사_031.908.1407

값 15,000원

ISBN 978-89-6437-277-7 04300
978-89-6437-201-2 (세트)

이 도서의 국립중앙도서관 출판시도서목록(CIP)은 e-CIP홈페이지(http://www.nl.go.kr/ecip)와
국가자료공동목록시스템(http://www.nl.go.kr/kolisnet)에서 이용하실 수 있습니다.
(CIP제어번호: CIP2017014016)

막막했고,
두려웠고,
경향신문 특별취재팀 지음
답답했다.
그리고
분노했다.
후마니타스

차례

2부 다른 나라의 청년들

3부 한국의 청년 정치

일러두기

1. 이 책은 2016년 1월부터 3월까지 총 17회에 걸쳐 『경향신문』에 연재된 '부들부들 청년' 기획을 바탕으로 단행본에 맞게 고쳐 썼다.
2. 괄호 안에 병기된 나이 및 직책은 특별한 언급이 없는 한 취재 시점인 2016년을 기준으로 했다.
3. 단행본·정기간행물에는 겹낫표(『 』)를, 논문·기사·보고서·노래·그림 제목에는 큰따옴표(" ")를, 법령, 영화, 방송 프로그램에는 가랑이표(〈 〉)를 사용했다.

프롤로그

매년 1월 1일을 맞으면 언론사들은 '신년 기획'이라는 이름의 '달력 행사'를 치른다. 2016년 역시 시작은 여느 해와 다르지 않았다. 그해 새해를 앞두고 두 달 전쯤, 취재팀에는 '청년'이라는 두 글자만 던져졌다. 역대 가장 높은 청년 실업률, 취업한다 해도 낮은 임금의 비정규직에 머물러 결혼, 출산은 물론이고 연애마저 꿈꾸지 못하는 '삼포 세대'. 귀에 인이 박히게 들었던 얘기를 또 하란 말인가.

1월 1일 첫 기사 출고일이 다가올수록 취재팀의 회의 시간은 길어졌다. 취재기자가 흩어져 청년 수십 명씩 인터뷰하고 다시 모여 회의해 봐도 완전히 새로운 이야기는 없어 보였다. 이미 수많은 언론에서 '청년 담론'을 쏟아 낸 터였다. 마감이 가까워지면서 '이 중요하지만 식상한 주제를 어떻게 다르게 이야기할 수 있을까?'에 대한 고민은 깊어 갔다.

결국 취재진이 내린 결론은 '청년들의 언어를 가감 없이 담아내자.'는 것이었다. 선입견이나 특정 잣대를 들이대지 말고 다양한 유형의 청년들을 만나 그들의 삶을 깊숙이 들여다보는 관찰자가 되기로 했다. '청년'이라고 뭉뚱그려 표현되는 이들이 공통적으로 갖고 있는 고민뿐만 아니라 세대 내 이질적인 모습까지 낱

날이 드러내는 것만으로도 의미가 있으리라 위안 삼으며 본격적인 취재에 돌입했다.

그러자 그간 청년 담론에서조차 소외돼 있던 '청년 밖의 청년들'이 눈에 들어왔다. 2015년 20세가 된 청년(1996년 출생자) 가운데 '인 서울In Seoul 4년제 대학' 진학자는 7.17퍼센트에 불과하다. 다른 청년들은 서울 외 지역 4년제 대학 진학(29.75퍼센트), 전문대 진학(20.26퍼센트), 취업(8.95퍼센트) 등을 택했고, 무직이거나 소재 파악이 되지 않는 경우(17.18퍼센트)도 상당수였다. 하지만 언론에서는 주로 서울에서 대학을 다니거나 졸업한 이들의 목소리를 다뤄 온 것이 사실이다.

취재팀이 만난 고등학교·전문대학·지방대학교 졸업생들은 자신들을 "똥통", "노답"이라고 부를 만큼 무력감에 빠져 있었다. "헬조선이 뭐예요", "우리도 청년인가요?"라고 되물을 정도로, 대도시·대졸 청년들의 비관마저 그들에게는 낯선 '특권'이었다. 전문대를 졸업하고 알바를 두 개 하며 생계를 유지하고 있는 한 청년은 인터뷰를 마친 뒤 "내 얘기를 들어줘서 고맙다."고 했다. 이들에게 문제 해결의 시작은 바로 '인정'이었다.

청년 문제에 대한 청년들의 생각도 그들의 '언어'를 통해 더 가감 없이 들여다볼 수 있었다. 청년 1천 명을 대상으로 벌인 온라인 설문 조사에서 응답자 가운데 41퍼센트가 '이번 생은 망했다(이생망)고 생각해 본 적이 있다.'고 답했다. 청년들은 자신이 '윗사람 지시대로 굴러가는 부속품', '사축'社畜이라고 자조했다.

그러면서 희망이 없는 삶을 자기 탓이라고 여기는 경향도 관찰됐다. '나이가 벼슬'인 사회에서 청년들은 말할 권리를 박탈당한 채 고통을 혼자 끌어안으며 살아가고 있었다.

취재팀은 또 과학기술정책연구원의 박성원 부연구위원의 도움을 받아 서울·천안·전주·경주에서 청년 103명을 만나 '자신이 살고 싶은 미래'를 주제로 초점 집단 면접Focus Group Interview을 실시했다. 그 결과 가장 많은 46.4퍼센트가 놀랍게도 '(지금 세상의) 붕괴 뒤 새로운 시작'을 선택했다. '계속 성장'을 택한 사람은 28.7퍼센트에 불과했다.

이렇게 131일간 1천5백 명 넘는 청년들을 취재한 결과물이 바로 총 17회에 걸쳐 연재한 '부들부들 청년' 기획이다. 취재팀 기자 여섯 명은 모두 20대 초반에서 30대 중반의 비혼 청년으로, 한국 나이로 따져도 평균 서른 살이 안됐다. 사내에서 '신년 기획인데 너무 신참 기자들로만 팀을 꾸린 것 아니냐?'는 우려도 있었지만, 청년 문제에 관한 취재만큼은 '신참'들이 '고참'들보다 나을 것이라 생각했다. 실제로 전·월세를 전전하는 삶, 결혼은커녕 연애마저 포기해야 하는 현실, 낮은 임금을 받으면서도 야근을 밥 먹듯 하는 생활은 취재팀 기자 자신들의 이야기이기도 했다. '부들부들 청년'이라는 다소 가벼워 보이는 이름도 우리가 온라인에서 사용하는 은어 'ㅂㄷㅂㄷ'에서 따온 것이었다.

과분하게도 취재팀은 '청년들의 언어와 목소리를 생생하게 반영했고, 특히 청년 담론에서 소외된 고졸 청년과 지방 청년에도 주목해 청년 문제가 개인의 문제가 아니라 한국 사회 전반에 깔린 문제임을 드러냈다.'며 '제26회 한국 가톨릭 매스컴대상'과 '제307회 이달의 기자상'까지 수상했다. 무엇보다 취재에 따른 고생을 잊을 수 있게 만들어 준 일은, 제20대 국회의원 총선을 앞두고 있던 각 정당들이 앞다퉈 청년 문제를 해결하겠다고 약속한 사실이었다.

게다가 청년들의 투표 참여도 증가하고 있다. 중앙선거관리위원회에 따르면 제19대 총선과 비교한 제20대 총선 투표율은 20~24세(45.4퍼센트 → 55.3퍼센트), 25~29세(37.9퍼센트 → 49.8퍼센트), 30~34세(41.8퍼센트 → 48.9퍼센트)에서 모두 크게 높아졌다. 여전히 중·장년층에 비해 낮기는 했지만 단기간에 특정 세대의 투표율이 이토록 상승한 일도 드물다. 청년층의 투표율 상승은 여소 야대 국면을 만들어 냈고, 이 때문에 박근혜 당시 대통령에 대한 탄핵안 통과가 가능했다는 점도 기록해 두고 싶다.

2017년 3월 10일 '대통령 박근혜'가 시민들로부터 파면 선고를 받은 다음 날 다시 광화문광장에 나갔다. 처음으로 광장에서의 성취를 맛본 20·30대가 1960년과 1987년에 먼저 승리를 경험한 세대들과 함께 폭죽을 쏘아 올리며 승리를 자축하고 있었다. 연인끼리든 친구끼리든 혹은 혼자 나왔든 그들의 표정은 밝기만 했다.

나는 이날 토요일마다 밝혔던 LED 촛불을 광장 한편에 두고 집으로 돌아왔다. 이제 학교에서, 회사에서, 가정에서 아직은 크게 달라지지 않은 현실의 문제들을 해결하는 일이 남아 있다.

취재팀의 능력이 부족해 획기적인 청년 문제 해결책을 제시하지는 못했다. 그럼에도 여러 지역에서 청년들이 보여 준 움직임, 우리와 비슷한 문제를 겪고 있는 일본·타이완·스페인·독일 청년들의 활동은 청년 문제를 해결하는 데 영감을 제공해 줄 수 있을 것이다.

기자들의 게으름 때문에 출판이 많이 늦어졌다. 먼저 독자들께 용서를 빈다. 후마니타스의 윤상훈 편집자, 안중철 편집장께 깊은 감사를 드린다. 기자들은 기획 보도가 끝난 뒤 각 부서로 흩어져 각자 새로운 분야의 취재를 시작하게 됐다는 이유로 원고를 다듬는 등의 후속 작업을 한없이 지체했다. 그럼에도 두 분은 기자들을 독려하며 기다려 주었다. 이런 배려가 없었다면 『부들부들 청년』은 잘 다듬어진 책으로 세상에 나오지 못했을 것이다.

마지막으로 취재팀과 3개월 내내 동고동락한 편집국의 이기수 사회에디터, 취재팀의 판단을 믿어 주고 지원을 아끼지 않았던 박래용 전 편집국장, '부들부들 청년' 기획 취재 기간 동안 각 팀원들이 비워 둔 출입처를 대신 맡아 곱절로 일해야 했던 여러 경향신문 동료들에게도 감사의 마음을 전하고 싶다.

'부들부들 청년' 취재팀 기자들은 팀 운영 과정에서 평등한 관계를 유지하려 노력했다. 기획 보도가 끝나고 이어진 기고 등 후속 작업도 연차와 상관없이 순번을 정해 나눠 맡았다. 이 같은 원칙에 따라 정대연 기자가 취재팀을 대표해 이 서문을 작성했다.

1부

보통의 청년

이생망
똥통
사축
찍퇴
청년 팔이
쌍봉형 가난
지·옥·비
월 3백
ㅇㅈ
다시, 청년

한 해 1천만 원대의 학비, 스펙 경쟁, 취업난, 저임금, 치솟는 주거비. 그리고 통계대로라면 오늘도 청년 여덟 명이 목숨을 끊었을 것이다. 2015년 한 해 동안 3,013명의 청년이 자신의 생을 파괴했다. 20·30대 사망 원인 1위가 자살이다. 청년을 소재로 한 보도는 2016년에만 29만여 건이 쏟아졌다. 클릭 몇 번이면 이 사회의 모순이 응축된 그들의 삶이 파노라마처럼 펼쳐진다. 그러나 거기에 미처 담기지 못한 청년들의 이야기를, 그들이 일상에서 가볍게 던지고 받는 말들을 빌려 살펴보고자 한다.

이생망

"이번 생은 망했다."
내세나 환생을 꿈꾸는 사람들이 쓸 법한 말을 청년들이 자주
입에 담는다. 줄여서 '이생망'이라고 부른다.

열 명 중 네 명이 '이번 생은 망했다'고 생각한다

"이번 생은 망했다." 내세나 환생을 꿈꾸는 사람들이 쓸 법한 말을 청년들이 자주 입에 담는다. 줄여서 '이생망'이라 부른다. 청년 1천 명에게 '이생망을 생각해 본 적 있는가?'라고 묻자 413명(41.3퍼센트)이 그렇다고 답했다.★ 이 같은 응답은 취업 준비생에게서 압도적으로 높게 나타났다(취업 준비생 가운데 54.2퍼센트). 취업을 준비하는 과정에서 이번 생이 나아지리라는 희망이 사라지고 있는 셈이다. 그렇다고 해서 일자리가 청년 문제의 모든 것을 해결해 주지는 못했다. 임금노동자의 40.8퍼센트 역시 '이생망'을 떠올린 적이 있다고 했다. 이들은 주로 한국 직장의 '강한 노동강도'와 '저임금' 문제를 지적했다. 특근을 밥 먹듯 하는 젊은 노동자의 임금으로는 평범한 삶을 감당할 수 없다고 했다. 임금이 상대적으로 높은 대기업 직장인들 역시 '내 집 마련'과 '결혼'을 앞두고 월급이 적다고 느꼈다.

대학생들은 그래도 아직 '노력'하면 되리라는 희망을 품었다. 다시 태어나면 게으름을 버리고 계획적으로 살겠다는 답이 많았

★ 2015년 12월 7~27일 『경향신문』이 한국 청년(20~34세) 1천 명(대학생 278명, 취업 준비생 121명, 대기업 직장인 107명, 중소기업 직장인 220명, 공무원·전문직·자영업자·대학원생 등 기타 274명)을 대상으로 설문 조사를 진행했다.

다. 하지만 취업 준비생 그룹부터는 '다음 생에 더 노력하는 삶을 살겠다.'는 답이 확연히 줄고, 국적이나 학벌을 바꾸고 싶어 했다. 여성들은 더 많이 '이생망'을 토로했다. 취업을 준비하고 있는 여성들은 최고의 스펙으로 '남성'을 꼽기도 했다. 다음 생에 성性을 바꾸고 싶다는 사람의 86.4퍼센트는 여성이었다.

곱씹을수록 슬픈 '농담 아닌 농담'

한국 청년들은 '헬조선', '흙수저'처럼 자신이 놓인 처지를 비유적으로 표현하고 희화화하는 데 능하다. 청년들의 이야기를 이처럼 그들이 일상에서 가볍게 던지고 받는 말들로 시작하고 싶었다. '눈앞의 벽이 높고 길이 안 보일 때' 쓰는 웃픈(웃기지만 슬픈) 농담 '이생망'에 대한 질문이 설문지에 들어간 이유다. 그렇지만 설문 분석 결과는 이들이 느끼는 우울한 현실을 고스란히 반영하고 있었다.

설문 조사에 참여한 청년들 가운데 대학생들은 '이생망'을 농담으로 많이 사용한다고 답했다(대학생 278명 가운데 168명, 즉 60.4퍼센트가 그렇게 답했다). 대학생 이 모 씨(24세)는 "시험 기간에 '이번 생은 망했다.'는 말을 많이 쓴다."면서도, "주변에서는 '자살각'(판세를 보니 자살해야 할 것 같다)이나 '한강 수온 체크'(투신자살에 앞서 한강 물 온도를 재봐야 한다) 같은 말을 더 많이 쓰기는 한다."

라고 말했다. 이생망은 온건한 농담이라고도 했다.

그렇다고 아주 실없는 농담은 아니다. 대학생, 취업 준비생, 직장인 1천 명에게 복수 응답으로 이생망의 의미를 물었을 때 농담이라고 답한 사람은 474명(47.4퍼센트)에 그쳤다. 외려 '앞으로의 삶도 나아질 것 같지 않다.'는 뜻으로 받아들인 사람이 591명으로 더 많았다. 자조하듯, 넋두리하듯 쓰는 이생망이라는 표현은, 그저 장난처럼 하는 말이 아니었다.

취업 준비생부터 대기업 직장인, 중소기업 직장인까지 모든 그룹에서 이런 경향이 두드러졌다. 게다가 '이생망'을 '지금까지 살아온 과정이 마음에 들지 않는다.'는 뜻으로 답변한 사람은 295명에 그쳤다. '이생망'이라는 표현은, 잘못된 과거보다 암울한 미래에 대한 예감이 더 큰 영향을 미쳐 만들어진 말로 보인다.

사회구조 문제를 직시하는 취업 준비생

이생망의 쓰임새는 청년들 사이에서 폭넓게 변주된다. 응답자를 대학생과 취업 준비생, 대기업 직장인과 중소기업 직장인 등 네 그룹으로 나눌 때 가장 이질적인 집단은 대학생이다. 대학생들은 상대적으로 가벼운 실패에도 '이생망'을 떠올렸고, 그 원인을 본인에게서 찾는 경향 역시 강했다. 대학생들은 '시험을 망쳤을 때', '공부를 안 할 때'와 같이 일상적인 상황에서도 이 말을 많이 썼다. 다음 생에는 중동 부호의 대명사 '만수르'로 태어나고 싶다는 응답이 21.9퍼센트로 가장 많았다. 두 번째를 차지한 것은 '게으름을 버린다.'거나 '의지를 가지고 열심히 살겠다.'는 노력과 관련된 답변으로 16.1퍼센트였다. 이런 답변은 대학생 집단에서만 압도적으로 나타났다. 노력을 통해 바꿀 수 있다는 믿음이 엿보이는 대목이다.

취업 준비생들과 직장인들은 '이생망'의 원인을 사회구조적 문제로 인식하는 경향이 대학생보다 두드러졌다. 취업 준비생들은 '취업 준비 과정'에서 '이생망'을 느낀다고 했다. 말하자면, 매 순간 이생망을 떠올리는 셈이다. 한 번 취직했다가 그만두고 재취업을 준비하는 취업 준비생들은 직장 현실을 어느 정도 알기에, '치열하게 일해도 달라지지 않는 주머니 사정'에서 이생망을 느꼈다고도 했다. 다음 생에 바꾸고 싶은 것으로는 '국적과 여유롭지 않은 사회 분위기'가 28.2퍼센트로 가장 많았다. '부자로 태어나는 것'(21.1퍼센트)이 뒤이었다. 대학생들과 달리 노력과 관련된 답변은 7퍼센트에 불과했다. 대신에 학벌을 바꾸고 싶다는 답이 4.2퍼센트로 대학생들보다 많았다.

높은 노동강도와 저임금에 절망하는 직장인들

취업 문제가 해결된 직장인들은 '저임금'과 '높은 노동강도'

다음 생엔 ○○○로 태어나고 싶다

무생물: 아무것도 안 하고 싶다

"구름이 되고 싶다." (21세 대학생)
"산이 되어 동식물과 어우러져 살고 싶다." (26세 직장인)
"다음 생에도 이런 삶이면 살고 싶지 않다." (25세 중소기업 직장인)

탈조선, 탈한국: 일단 여기서는 안 된다

"미국이나 캐나다의 평범하지만 행복한 소시민. 고스펙 무한 경쟁 사회가 너무 버겁다." (28세 직장인)
"북유럽처럼 복지 제도가 잘되어 있는 국가." (31세 직장인)
"저녁이 있는 삶을 살 수 있는 곳에서 태어나고 싶다." (33세 전문직)

남성: 성별이 기득권이다

"기득권인 부유한 백인 남성." (27세 취업 준비생)
"남자로 태어나서 취업하고 싶다. 남자라는 성별만 한 스펙은 없다." (28세 취업 준비생)
"사회 안전망이 촘촘한 나라에서 잘생기고 건장한 남성으로 태어나 살고 싶다." (29세 중소기업 직장인)

부자: 만수르로 태어나고 싶다

"재벌로 태어나기." (30세 대기업 직장인)
"금수저를 물고 태어나고 싶다. 정기적으로 건강검진을 하는 삶." (26세 취업 준비생)
"아빠는 이건희 또는 엄마는 이영애." (25세 취업 준비생)
"빚이 없는 삶, 카드 없는 삶." (32세 취업 준비생)

등을 이번 생이 망한 이유로 가장 많이 꼽았다. 청년 문제가 취업 문제만은 아니라는 방증이다.

대기업 직장인들은 야근과 주말 출근 등 쉼 없는 노동강도에서 이생망을 느꼈다. 다른 그룹보다 임금수준이 높았지만 여전히 집값을 감당하기 어렵다는 의견도 많았다. 김 모 씨(29세)는 "대기업 월급으로도 내 집을 마련하기란 꿈이라고 느낄 때, 전셋값 인상 폭이 감당할 수 있는 선을 넘어섰을 때" 이번 생을 절망한다고 말했다. 다음 생에 바꾸고 싶은 것으로는 국적·사회(27.3퍼센트)가 가장 많이 꼽혔다. '경쟁보다는 여유가 있는 나라', '공존하는 사회' 등이 이상향으로 제시됐다. 두 번째로 많은 답변은 '재벌로 태어나기' 등 경제적 여건 변화로 18.2퍼센트였다.

중소기업 직장인들은 '살인적 노동강도'에 대한 불만(18.9퍼센트)도 적잖았지만 월급에 대한 불만(37.9퍼센트)이 가장 많았다. "허리띠 졸라매며 적금 부어 봐야 1년에 5백만 원도 못 모을 때, 그렇게 모은 5백만 원 이자가 10만 원도 안 될 때" 이생망을 느낀다고 말한 응답자도 있었다. 월급에 대한 불만은 주택 소유의 포기, 결혼의 포기 등으로 확장됐다. 중소기업 직장인들은 다음 생에 가장 바꾸고 싶은 것으로 경제력(26.9퍼센트)을 꼽았고, 국적과 사회의 변화(23.7퍼센트)가 뒤이었다.

자학적 열패감에 빠진 청춘들

취업 준비생 김 모 씨(27세)는 "취직할 가망이 안 보일 때 망했다는 생각이 든다."며 "자꾸 최종 면접에서 떨어지니 그냥 '나'라는 인간이 문제인가 싶다."고 말했다. 김 모 씨(26세)는 '좋아서 하는 야근이 왜 문제냐?'고 묻는 직장에 다닌다. 그 역시 "출생부터 망했다. 이 시대, 이 장소에 태어난 것 자체가 내 탓일 수 있지 않을까?"라고 했다.

청년들은 사회구조적 문제로 힘들어하면서도 '자기 탓'을 많이 했다. 설문 조사에 응한 청년들은 인생이 '망한' 이유(복수 응답)를 우선 '본인의 문제'(64.6퍼센트)로 돌렸다. '사회 전반의 문제'(58.4퍼센트), '직장 문제'(7.3퍼센트)는 그다음이었다. '이생망'이라는 표현이 주로 취업난, 노동환경, 학벌·학력, 집안 소득 등 구조적인 문제와 관련해 쓰이는 현실과 모순된 반응이다.

『잉여 사회』의 저자 최태섭 씨는 "청년들에게는 어떤 쪽으로도 희망이 없고, 같이 힘을 합쳐서 할 수 있다고 생각되는 것이 없는 것"이라고 말했다. 그는 "개인은 '구조가 안 변해서 힘들다.'고 사고하기 힘들기 때문에, 내 잘못으로 망했다고 여기게 된다."며 "그 결과 '노력이 부족하다.'는 말을 싫어하면서도 (노력하지 않았다는) 죄책감을 갖게 된다."고 덧붙였다.

똥통

주로 스무 살부터 취업을 시작하거나 비수도권에 살고 있는
'청년 밖의 청년'이 자신을 자조적으로 가리키며 하는 말.
대한민국의 청년 문제가 '인 서울' 대졸자나 취업 준비생에게
맞춰져 있음을 보여 준다.

스무 살이 되는 것이 두려운 이들

"우리도 청년인가요?" 2015년 12월 전국에서 고등학교·전문대학·지방대학교 졸업생들을 만났을 때 접한 말이다. "미래요? 잘 모르겠어요. 그냥 갑갑해요." 대한민국의 청년 문제가 '인 서울' 대졸자나 취업 준비생에만 맞춰져 있다고 보는 '청년 밖의 청년들'은 깊은 무력감과 소외감에 절어 있었다.

2015년 12월 지방 도시 특성화고의 3학년 한 반을 찾았을 때 학생들은 "여기는 똥통"이라고 부르고, "(세상에 나가는) 스무 살이 되기가 두렵다."고 말했다. 이 학급 스물여덟 명 가운데 열네 명은 취업했다. 취업을 했다지만, 공장에서 3개월간 현장 실습을 하고 계약을 연장할지 결정하는 불안정한 사회 진출이다. 네 명은 전문대로 진학하고, 네 명은 군대나 다른 일거리를 생각해 보겠다고 했다. 여섯 명은 새해에 아무런 계획이 없었다. 학생들은 '빵집 운영하는 부모'를 금수저라고 불렀다. 취업한 청년도, 길을 정하지 못한 청년도 "노답"(답이 없다)이라며 서로를 가리켰다.

헬, 뭐요? 헬조선요? 그게 뭔데요?

스마트폰은 있지만 고된 하루를 살며 뉴스나 인터넷 커뮤니티를 보지 않는다는 이들은 '헬조선'이 뭐냐고 되물었다. 대도시·대졸 청년들이 힘들 때 내뱉는 비관까지도 그들에게는 낯선 '특권'이었다. 조성빈 씨(가명, 19세)는 고등학교 졸업을 앞두고 지방 도시의 발광다이오드LED 전구 회사에 취업했다. 하루 열두 시간 일하고 한 달에 120만 원을 번다. 일이 끝나고 기숙사에 오면 녹초가 돼 잠든다. 스마트폰을 가지고 있지만, 통화나 문자 메시지를 주고받고 노래만 들을 뿐, 뉴스나 인터넷 커뮤니티를 보지 않는다는 조 씨는 현실에 관심을 가질 여력이 없다고 했다. '헬조선'은, 지옥을 뜻하는 '헬'hell과 '조선'을 합쳐, 살기 힘든 현실을 빗댄 신조어다. 지옥 같은 한국을 떠난다는 '탈조선'이라는 말도 있다. 그러나 조 씨는 이 말도, 저 말도 모른다고 했다.

청년요? 저는 아니에요.

밴드 공연 기획을 하는 임희애 씨(23세)는 이렇게 말하며 고개를 저었다. 고졸 검정고시 출신인 그는 구청에 청년들을 대상으로 하는 취업 교육을 신청하러 갔다가 낙담했다. 고졸은 지원 자격이 없었기 때문이다. 그나마 들을 수 있는 수업도 강사는 수강생을 대졸자로 상정하고 진행했다. 학번, 전공, 캠퍼스 이야기가 나왔고 임 씨는 그럴 때마다 소외감을 느꼈다. 임 씨는 "뉴스에 나오는 대기업 일자리 감소니 하는 문제에 전혀 공감하기 어렵다."며 "인턴이나 자기 소개서는 저하고는 먼 얘긴데 허구한 날 이런 얘기만 나온다."고 했다. 그는 "요새 청년들은 주변에서 힘들다고 위로해 주고 그들의 문제를 대변해 줄 사람이 있는 것 아

지방 도시 특성화고 학생들이 자신을 물건에 비유한 기록

애완동물

"그냥 하라면 하고, 공부도 안 하지만 집에서 하라면 하고 그러니까." (의찬)

찰흙

"그래도 나에 대한 가능성은 있다고 생각한다." (선필)

똥 만드는 기계

"너무 무의미하게 시간을 보내는 것 같다." (진수)

팽이

"의미 없이 돌기만 한다. 있어도 되고 없어도 되는 그런 물건." (지석)

물

"그냥 흐르는 대로 가고 있다." (동수)

돌멩이

"아무것도 안 한다. 아니, 하고 있는데 뭐가 안 된다." (영인)

니냐."며 "고졸인 내 문제를 대변해 줄 사람은 나밖에 없다."고 말했다. 고등학교를 졸업한 뒤 수도권에서 여러 공장을 떠돌고 있다는 강윤철 씨(가명, 29세)도 임 씨와 생각이 같다. 강 씨는 "언론에서는 전문대를 나왔거나 고졸인 생산직 청년 얘기를 별로 다루지 않는다."며 "삼성에 가려고 스펙 쌓는 사람들 얘기만 많이 나온다."고 지적했다.

경기도 성남시 '일하는학교' 이정현 교사는 "대학이나 취업의 틀로만 규정되는 청년 이슈에 변화가 필요하다."고 말했다. 그는 2015년 6~11월 성남에서 생계형 알바를 하고 있는, 고졸 이하 청년 140여 명을 대상으로 면접 조사를 했다. 이 교사는 "중소기업 취업도 어려운 청년이 많다."며 "비슷한 처지의 또래들만 만나다 보니 삶의 고통도 무뎌진 채 고된 하루를 버텨 가고 있다."고 했다. 같은 해 7~8월 경기도 수원시 청년들을 만나 본 박승하 '노동하는청년 준비위원회' 대표도 "고졸·전문대졸 청년의 상당수가 헬조선이나 탈조선 같은 말을 모르고 있었다."며 "다들 일하기 바빠 뉴스를 보거나 인터넷 커뮤니티를 할 여유가 없다."고 했다. 두 활동가는 '고졸·전문대졸 청년의 대부분이 자신의 말을 하고 싶어 했다.'고 입을 모았다.

취업난요? 이 동네 파견 업체에 가면 남자는 사흘이면 취업이 가능해요.

경기도 안산시에서 만난 최성필 씨(가명, 28세)는 일자리 구하기가 어렵지는 않다고 했다. 저임금과 긴 노동시간만 감수하면 취업은 쉽다는 것이다. 고등학교를 졸업한 뒤 여기저기 떠돌던 그가 안산의 파견 업체를 찾은 것은 3년 전이다. 일하겠다고 등록한 뒤 며칠 지나지 않아 면접 신청이 왔고, 그 뒤 바로 출근하라는 연락을 받았다. 아침에 파견 업체에 가면 차를 태워 반도체 부품 업체로 데려다줬다. 인쇄 회로 기판PCB에 도금하는 일이었지만, 교육 없이 바로 라인에 투입됐다. 최 씨는 "파견 업체에서 온 사람은 어차피 나갈 사람으로 생각하기 때문에 소모품처럼 다룬다."며 "고등학교 나오고 9년째이지만 미래 계획을 세우기가 불가능하다."고 했다. 쓰고 버려지는 '일회용 청년'의 삶이다.

라정호 씨(가명, 26세)도 취업 사다리의 맨 밑을 떠받치고 있는 '고졸 청년'이다. 학교를 나와 일한 곳만 다섯 군데가 넘는다. 모두 급여는 너무 적고 노동시간이 길어 옮기게 됐다. 지금 일하는 백화점도 정규직은 아니다. 하루 열두 시간 뛰어다니고 월 145만 원을 받는다. 라 씨는 "명찰에는 ○○백화점이라고 써있지만 하청 업체에서 일하고 있다."며 "오래 일하거나 잘하면 정규직 전환을 해준다고는 하는데, 글쎄, 믿음이 가지 않아 다른 곳도 찾아보고 있다."고 했다. 한국직업능력개발원이 현재 일자리 유지 비율을 조사한 결과 대졸 청년은 83.2퍼센트, 전문대졸은 75.5퍼센트, 고졸은 59.9퍼센트로 나타났다(2011년 기준). 고졸자 두 명 가운데 한 명은 5년 반 사이에 경험한 직장이 네 개가 넘었다.

이동이 잦지만 좋은 직장으로 연결되지 않는 '쳇바퀴 노동'이다.

서울 밖에도 청년이 있다

서울은 한국 사회의 모든 자원을 빨아들이는 도시다. 전체 인구의 20퍼센트가 서울에 산다. 경기도·인천을 합한 수도권에는 남한 인구의 49퍼센트가 모여 있다. 수도권의 이 힘은 사회 진출을 앞둔 청년층에 더 강력하게 작용한다. 20~34세 청년의 53퍼센트가 수도권에 있다. 전입신고를 하지 않고 머무는 젊은이들까지 감안하면 규모는 더 커질 것이다.

거꾸로 말하면, 국토의 88퍼센트를 차지하는 비수도권에 전체의 절반에도 못 미치는 청년들이 살고 있다. 부산에 사는 박 모 씨(25세)가 지역 청년 다수의 호소와 갈증일 것이라며 전한 말은 "서울에 가지 않으면 안 될 것 같은 느낌, 남겨졌다는 느낌이 든다."였다. 인구가 줄어드니 안 그래도 낙후된 지역 경제는 더 침체되고, 그럴수록 더 많은 청년들이 수도권으로 떠나는 악순환이 벌어진다. '지역 공동화空洞化'와 청년 문제는 맞물려 있다. 특히 대학 입시와 취업은 청년들이 수도권으로 휩쓸려 들어가는 주요 고리다. 떠난 청년도, 남은 청년도 괴롭기는 마찬가지다.

백수도 직업으로 느껴질 만큼 청년들이 취업할 만한 일자리가 부족해요.

태어나서부터 강릉에서 살아온 홍순우 씨(21세)는 이렇게 말했다. 그는 친구들을 크게 두 부류로 나눴다. 일자리를 찾아 다른 곳으로 떠났거나, 강릉에서 알바를 하고 있는 사람들이다. 강원도의 청년 실업률은 12.8퍼센트(2015년 기준)로 전국 광역시·도 가운데 가장 높았다.

대전 토박이인 이동민 씨(가명, 32세)는 대학 졸업과 동시에 학교 취업지원팀의 소개로 대전 지역 강소 기업에 입사해 지금까지 다니고 있다. 그러나 "나는 기회를 잘 잡은 (운이 좋은) 경우"라고 했다. "대전에 벤처기업이 많지만, 규모가 작아 한 회사에서 고용하는 인원은 한 해 한두 명에 불과한 곳이 대부분이고, 공채가 없어 알음알음 뽑는 소규모 수시 채용이 많다."고 말했다.

매출액 상위 1백 대 기업의 본사 중 86곳이 수도권(서울·경기·인천)에 몰려 있다. 강원과 충북·충남, 전남·전북, 대구에는 1백 대 기업 본사가 하나도 없다. 한국고용정보원이 발간한 "2015년 시·도별 청년 고용 현황"(2016/04/01)을 살펴보면, 전국 청년 취업자(394만 명) 가운데 54.3퍼센트(213만9천 명)가 수도권에서 일자리를 구했다.

양뿐만 아니라 질도 문제다. 서울연구원에서 2014년 발간한 보고서 "서울시 괜찮은 일자리 실태분석과 정책방향"을 보면 보수, 고용 안정성, 적정 근로시간, 직업의 사회적 평판 등을 반영한 '다원적 괜찮은 일자리' 분포에서 수도권이 60.2퍼센트를 차지했다. 청년들이 선호하는 일자리도 수도권에 쏠려 있다.

대구에서 태어나 지금은 대학원을 다니고 있는 이시훈 씨(30세)는 "'대구 하면 섬유'라는 말은 이제 옛말이다. 대기업은 모두 수도권으로 빠져나갔고, 임금수준이 낮은 2·3차 협력 업체들만 남아 있다."면서 "심지어 대구에 있는 몇몇 공장은 정규직이었던 생산직 일자리를 알바 노동자에게 넘겼다."고 말했다.

사정이 이렇다 보니 청년들은 안정적인 일자리를 좇아 공무원 시험을 준비한다. 대다수 지역 청년들의 꿈도 '공무원'에 맞닿아 있었다. 지역 내 '괜찮은 일자리' 부족은 이런 현상을 더욱 부추긴다.

> 대구에서는 부부가 공무원이면 걸어 다니는 중소기업이라는 우스갯소리가 나올 정도예요.

대구에서 자란 우명진 씨(가명, 30세)는 이렇게 말하며, 대구에 그만큼 안정적인 일자리가 부족하다고 했다. 대구에서 20대를 보낸 김보현 씨(23세, 경북대학교)도 우 씨의 말에 동의했다. 김 씨는 "인문 계열 전공이라 그런지 주변에 열에 아홉 꼴로 공무원 시험 준비를 한다."면서 "지역 대학 출신 인문 계열 전공자는 이른바 '인 서울' 대학 출신보다 취업이 더 어렵다. 서울에서 취업을 해도 주거비 등을 감당하지 못할 바에 차라리 공무원 시험을 택하는 친구들이 많다."고 말했다.

강원도에서 태어나고 대학까지 졸업한 토박이 김혜인 씨(24세)의 친구들 가운데 강원도에 남은 부류는 대부분 공무원이다. 김 씨는 "지역에 일자리가 없는 상황에서 그나마 지방직 공무원은 지역 출신에게 지원 자격이 우선적으로 주어진다. 그래서 공무원을 하는 친구들은 강원도에 많이 남아 있다."고 말했다.

일부 대기업과 공기업이 지역으로 이전하고 있지만 지역 일자리의 질을 높이는 데는 효과적이지 않았다는 지적도 나온다. 제주에 사는 대학생 김배원 씨(가명, 26세)는 "다음(카카오)과 넥슨 등 IT(정보·기술) 기업이 제주로 내려왔지만 핵심 인력은 서울에서 왔고 전화 상담 등 저임금 일자리만 생겼다."고 말했다. 공기업 일자리도 비슷하다. 한 정부 출연 연구 기관은 4년 전 지역으로 이전했지만 지역 출신 인재 채용 비율은 10퍼센트를 넘지 못하고 있다.

전라도의 한 연구원에서 일하는 이기형 씨(가명, 32세)는 "핵심 인력은 모두 수도권에서 내려오고 지방대 출신을 뽑아도 비정규직으로 고용해 주변적인 일만 시킨다."며, "이런 분위기 때문에 좌절하고 지역 소재 대학에서 지역 자체에 대한 연구를 하려다 포기하고 서울로 가버리는 이들도 많이 봤다."고 했다.

한편 일자리뿐만 아니라 문화시설도 서울에 편중되어 있기는 마찬가지다.

주말이면 서울에 올라가 각종 문화 활동을 즐겨요. 지역에는 문화 인프라도 부족하고 지역사회와 청년을 문화로 묶어 줄 접점도 현재는 없거든요.

울산에서 대학을 다니는 장동현 씨(25세)의 말에서 문화 기반이 부족한 지방의 현실이 잘 드러난다. 한국문화예술위원회가 발간한 『2016 문예연감』(2017/02/01)을 보면 2015년 전국에서 이뤄진 예술 활동 3만3,103건 가운데 52.4퍼센트(1만7,364건)가 수도권에서 진행됐다.

사회적인 안전판을 바라봐도 서울과 지방의 차이는 분명하다. 서울에서는 알바노조 등을 중심으로 편의점, 커피 전문점의 사업주들에게 최저임금 준수를 압박하는 활동이 펼쳐지고 있다. 그러나 지방 청년들에게는 남의 이야기다.

제주에서 직장을 다니는 이경준 씨(가명, 30세)는 "후배가 야간 아르바이트를 하면서 최저임금에도 못 미치는 시간당 6천 원을 받고 있는데 문제 제기도 하지 않고 있다."고 말했다. 일부 인구 규모가 작은 지역에서는 업주와 알바생이 "몇 다리 건너 아는 사람들"이다. '신고'를 하려 해도 눈치가 보일 수밖에 없다. 그럴수록 청년들의 권익을 보호하는 단체의 활동이 필요하지만, 지방에는 그런 단체도 별로 없거니와 참여율도 저조하다.

전북에서 자란 김주혜 씨(가명, 30세)는 "청년들의 목소리를 정치적인 힘으로 모을 단체가 부족하다."고 말했다. 그는 "각 지방의 고용노동청에 신고를 해도 건건이 처리만 될 뿐 사업주들에게는 압박으로 다가오지 않는다는 것을 느낀다."고 했다.

수도권 밖에 산다는 이유만으로 꿈의 가짓수가 달라질 수 있어요.

부산에서 지역 청년들의 목소리를 담은 계간지 『지잡』을 만드는 김영준 씨(25세, 부산대학교)의 말이다. 지역에서 이런 한계를 극복하지 못한 젊은이들은 서울로 향한다.

민소은 씨(24세, 가명)는 2015년 12월부터 고향 전남에서 서울 신림동으로 올라와 노무사 시험을 준비하고 있다. 6.6제곱미터 남짓한 여성 전용 고시텔에서 지내며 월 27만 원을 낸다. 식대·학원비까지 포함하면 월 1백만 원가량 쓴다. 체류비가 만만치 않지만 시험을 준비하려면 어쩔 수 없다고 생각한다.

그는 "논술 시험 첨삭이 중요해 서울로 올라왔다. 확실히 현강(현장 강의)을 듣고 수강생들과 정보도 공유하니까 더 도움이 된다."며 "다니는 학원에는 제주도나 다른 지방에서 온 사람들도 많다."고 말했다.

울산에서 만난 토박이 박용석 씨(26세)는 취업을 앞두고 '정보'에 목말라 있었다. 지역에서는 취업 스터디 구하기도 쉽지 않다. 박 씨는 "아무리 인터넷이 발달해 있어도 '알짜 정보'는 결코 지역까지 오지 않는다. 수도권에 머물며 인맥을 통해 얻는 정보가 있기 때문"이라고 말했다.

기껏 서울 와도, 월세·등록금 벌이에 알바 전전

구가연 씨(가명, 22세)는 고향인 부산에서 서울로 올라와 문화 콘텐츠 기업에서 인턴을 하고 있다. 월 60만 원을 받는데, 그중 30만 원을 방세로 낸다. 구 씨는 "그래도 서울에는 부산보다 기회가 있다."고 말한다. 구 씨는 "부산에는 인턴으로 경험을 쌓을 곳도 마땅치 않다."며 "서울의 집세 부담이 만만치는 않다."고 했다. 지역을 떠나 찾아간 서울에서 '이주 난민'이 됨에 따라 치러야 할 비용이 점점 늘고 있다는 의미다. 이처럼 수도권으로의 과집중은 고향을 떠난 청년도 고달프게 한다. 서울의 높은 사립대 등록금과 주거 비용을 감당하느라 '서울 토박이'들보다 더 거친 삶과 경쟁에 뛰어드는 '이중고'를 겪고 있는 것이다.

월세와 등록금을 벌기 위한 아르바이트에 치여, 정작 스펙 관리나 인턴 경험은 꿈도 못 꾸고 취업 문턱에서 좌절하는 청년들 가운데 상당수가 지역 출신이다. 이희영 씨(가명, 34세)는 제주에서 자라 서울에서 대학과 취업 문턱을 넘었다. 그는 "일자리와 문화생활 등의 조건이 비슷했다면 아마 살던 곳을 떠나지 않았을 것"이라고 말했다. 사립대 등록금과 자취 비용을 대기 위해 아르바이트를 전전하고, '방'을 옮기느라 이삿짐 싸기에 도가 텄다고 했다. 이 씨는 "서울에 대한 환상은 온 지 두세 달 만에 깨졌다."면서 "삭막한 이곳의 삶이 고향에서의 삶보다 더 행복한지 잘 모르겠다."고 말했다.

취업 준비를 위해 서울행을 택하는 지방대생들도 괴롭기는 마찬가지다. 이나현 씨(가명, 27세)는 전북대학교를 졸업한 뒤, 다시 "사교육을 받고 스스로를 다그치기 위해" 서울에서의 자취 생활을 택했다고 말했다. 이 씨는 "회계사 2차 시험은 첨삭을 받아야 하는데, 지역에서는 그런 기회가 없다."면서 "시험 때문에 2년간 종로 고시원에서 자취하기는 했지만 돈을 버려 가며 공부한다는 생각에 부모님께도 죄송한 마음이었다."고 했다. 취업 준비를 위해서라도 서울로 원정을 와야 하는 답답함을 비친 것이다.

전남대학교를 졸업한 김가현 씨(가명, 25세)는 "지방에서는 아이들이 사라지고 있다. 선생님을 하려면 수도권에서 해야 한다."는 공무원 아버지의 권유로 노량진에서 '임용 고시'를 준비하고 있다. 김 씨는 서울에 대해 "무표정한 얼굴로 떼를 지어 빨리 걷는 곳"이라며 "삭막하고 여유가 없다. 오래 버틸 수 있을지 모르겠다."고 말했다. 하지만 서울에서 살 의향이 있는지를 묻자 뜻밖의 대답이 돌아왔다.

> 만약에 아이를 낳게 된다면…… 그래도 서울에서 살아야 할 것 같기도 해요. 어렸을 때부터 경쟁하고 살면 피곤하겠지만, 결국은 그 아이도 한국에서 살아야 하니까요. 살아남으려면

서울이 확실히 나은 것 같아요.

김 씨의 대답은 "서울 아이들은 자기를 관리하는 기술이 다르다. 지역 아이들은 따라 하기 힘든 뭔가가 있었다."는 이나현 씨의 토로와도 일맥상통한다. '서울 공화국'에서 서울은 경쟁과 과밀의 고통이 몸으로 파고드는 곳이다. 헬조선은 곧 헬서울·헬지방이다. 지역에서 자라 떠난 청년도, 남은 청년도 괴로운 구조가 '대한민국의 청년 문제'에 포개져 있다.

사축

절반 이상의 청년에게 야근은 일상이 됐다.
스펙을 쌓던 몸은 회사의 부속품이 됐고, 계약만큼만 돈 받고
계약보다는 훨씬 많이 일한다고 생각한다. 저녁도 없고,
미래도 그려 볼 수 없는 하루. 청년들은 회사에 길들여져 가는
서로를 '사축'이라고 불렀다.

“비석처럼 앉아 있었다”

이혜영 씨(가명, 32세)는 광고 벤처기업에 다닐 때 한자리에서 40시간까지 일해 봤다. 보름 동안 하루도 빠짐없이 야근하기도 했다. 사장은 “일하기 더 편할 것”이라며 주택가에 사무실을 얻었다. 이 씨는 일하다 졸리면 바닥에 누워 15분씩 잤다. 머리를 못 감는 날이 늘어났다. 속옷과 양말이 모자라면 세면대에서 빨아 모니터 뒤에 널어 뒀다.

많아야 열 명이 근무하던 회사. 그 회사에서 4년간 스무 명이 그만뒀다. 이 씨는 회사에서 가장 많은 시간을 보낸 사람이 됐다. 생일에도 야근했고, 엄마의 암 수술 날에도 일 때문에 병원을 찾지 못했다. 대신에 오래 앉아 일하다가 방광염을 얻었고, 장염과 허리 디스크로 병원 신세를 지기도 했다.

내가 누군지 모르겠어요.

네 차례 직장을 옮기며 밤낮으로 달려온 10년. 이 씨는 업무능력이 오르고, 박봉이던 월급도 다섯 배 뛰어 4백만 원이 됐다. 하지만 더 빠른 속도로 늘어나는 업무량을 감당할 수 없었다. 결국 2015년 10월 회사를 그만뒀다. 나이 서른을 갓 넘어 “온몸이 ‘번 아웃’Burn Out(소진) 됐다.”는 상실감 때문이다.

재취업 준비는 안 하고 있어요. 다시 가고 싶은 회사도 없고.

정도영 씨(가명, 31세)도 같은 해 여름에 뛰쳐나온 회사가 첫 직장이다. '생초짜'가 내놓은 결과물은 늘 비교됐다. "못하겠으면 관둬. 이런 거 할 사람 밖에 쌔고 쌨어."

정 씨는 입사 5개월 만에 상사로부터 머리털이 쭈뼛 서는 말을 들었다. 모멸감에 몸이 떨렸고, 신입사원의 패기는 단숨에 꺾였다. 상사들은 시시콜콜 지적하면서도, 정작 뭘 잘하고 못하는지, 어찌하면 잘할 수 있는지를 짚어 주지 않았다.

술자리에는 수시로 불려 나갔다. 피하지 않고 따라다녀 봤지만, 어느 날 "일 빼고는 다 잘한다."라는 소리가 돌아왔다. 어느새 거울 앞에는 탱탱 불어난 몰골이 버티고 있었다.

하루하루 '일단 해보자.'는 마음으로 허우적대는 게 싫었어요.

정 씨는 2년간 품고 있던 사표를 던졌다.

높은 취업 벽을 넘어 입사한 청년들도 비명을 지르고 있다. 절반 이상의 청년에게 야근은 일상이 됐다. 스펙을 쌓던 몸은 회사의 부속품이 됐고, 계약만큼만 돈 받고 계약보다는 훨씬 많이 일한다고 생각한다. 저녁도 없고, 미래도 그려볼 수 없는 하루. 청년들은 회사에 길들여져 가는 서로를 '사축'이라고 불렀다.

1천 년 전 농노보다 오래 일하는 한국인

청년 직장인은 긴 노동시간에 절망한다. 한국의 연간 노동시간은 2015년 기준 2,113시간으로 OECD 회원국 중 최상위다. 영국 경제학자 그레고리 클라크(Gregory Clark)는 중세 농노의 노동시간을 1,620시간으로 추산했다. 한국인의 평균 노동시간이 1천 년 전 농노보다 훨씬 많은 셈이다.

© 김보

윗사람 지시대로 굴러가는 부속품

돌고래, 원숭이, 경주마, 소, 일개미, 고양이……. '사축'을 자처한 청년 직장인들은 자신을 동물에 빗댔다. 이들은 재주를 부리고, 앞만 보고 달리며, 걱실걱실 주어진 일을 처리한다. '가축처럼 회사에 길들여진 직장인'을 뜻하는 사축이라는 말이 젊은 직장인들 사이에서 공감을 얻고 있다. 취업이라는 좁은 문을 열고 들어간 청년들은 저녁이 없는 긴 노동시간과 적은 보상, 수직적인 사내 문화 앞에서 '이족보행'二足步行(서서 걷는 인간을 뜻하는 은어)을 포기했다.

대기업 직장인 오 모 씨(30세)는 '닭'이다. 황금알을 낳기를 강요받고 끊임없이 알을 낳는다. 보통 무정란을 낳고, 때때로 쌍란을 낳기도 한다. 꾸준히 황금알을 낳는 동료가 가장 큰 스트레스의 제공자다.

중소기업 직장인 김 모 씨(25세)는 '길고양이'다. 사람들 눈치 보는 것이 주된 일이다. 팀원들이 다가오면 음식물 쓰레기통을 뒤지다 걸린 길고양이처럼 도망가고만 싶다.

'일개미' 김 모 씨(32세)는 매일 오후 5시가 되면 눈치를 보게 된다. 팀장의 안색과 시계의 분침을 번갈아 살핀다. 그의 직장은 한 시간 일찍 업무를 시작해 한 시간 빨리 마치는 '8-5 근무제'를 시행하고 있다. 그러나 출근에 대해서만 강제력이 있다. 퇴근은 '부득이할 경우 오후 5시에 이뤄질 수도 있다.'고 권고하는 데

회사에 길들여져 가는 청년들

길고 긴 노동시간에 시달리는 나는 '일개미'
한국만의 수직 문화 속에서 나는 '소'
언제든 대체 가능한 나는 '애완견'

© 경향신문

그친다. 실제로 오후 5시에 퇴근하면 곧잘 "일이 없느냐?"는 팀장의 지청구를 듣는다. 김 씨는 약속이 있어도 오후 7시까지는 자리를 지킨다.

상사 눈치를 보느라 밤늦게까지 자리를 지키고 있다 보면 '기러기 아빠'들에게 붙들리기 일쑤다. 선배들은 술을 마시지 않고는 밤을 견딜 수 없는 사람들처럼 매일 술을 마셨다. 개인 술 상대보다 더 힘든 것은 회식이었다. 김 씨의 주량은 소주 반병이지만, 회식 때는 두세 병도 따라 마셨다. 중간에 입을 틀어막고 화장실로 뛰어가 게워 내고는 했다.

야근과 술에 치이며 직장은 '개미굴'이 됐다. 어떤 일을 할지 스스로 정할 수는 없지만, 여왕개미가 시키는 일은 뭐든 군말 없이 해내야 한다. 이름만 대면 알 만한 글로벌 기업에 취업했다는 자부심은 6년간의 직장 생활 동안 산산이 부서졌다. 신입사원 합숙 연수에서 했던 카드섹션과 율동 영상을 명절에 모인 일가친척에게 보여 주며 자랑했던 일은 곱씹을 때마다 이불을 차게 만든다. "열심히 하면 나중에 임원이 될 수도 있으니 참아."라는 말이 최상의 격려였다. 김 씨는 임원 명단에 이름 올리는 꿈을 접고, 주말마다 토익 스피킹 책을 뒤적거리며 이직을 준비하고 있다.

"찍퇴(찍어서 퇴직)보다는 낫다."고 자조하는 그들의 선택지는 참거나, 제 발로 떠나는 것이다. 평균 11개월간 준비해 취직한 한국의 청년 열 명 가운데 여섯 명이 15개월 만에 첫 일자리를 그만두고 있다. 긴 노동과 저임금에 몸서리치고, 사람으로 대우

받고 키워 준다는 믿음도 없기 때문이다. '행복의 첫걸음'이라고 여겼던 일터에서 사표를 품고 사는 청년들이 묻고 있다.

나는 사람인가요, 사축인가요?

찍퇴

희망퇴직은 '원해서 회사를 나간다.'는 뜻이다.
하지만 이를 거부하는 직원들을 작업장에서 빼 대기 발령을
내린 뒤 '찍어서 퇴직'시키기도 한다.

"너 없어도 회사는 돌아간다"

이 모 씨(31세)는 첫 직장에서 "조직 생활에 안 맞는 사람"이었다고 자가 진단했다. 6개월의 '허니문'이 끝난 뒤로는 혼나기에 바빴다. 주말을 앞두고 팀장은 "쉬면서 한 번 봐."라며 서류철을 건넸다. 이 씨는 말 그대로 쉬면서 서류를 봤지만 돌아온 월요일, 팀장은 서류 내용을 꼬치꼬치 물었다. 답변하지 못한 이 씨에게 팀장은 "진짜 쉬면서 봤냐?"라며 역정을 냈다. 그때부터 팀장은 이 씨를 "야!"라고 불렀다. 실수를 만회하기 위해 노력했지만 모든 것을 대비할 수는 없었다. 팀장과 함께 외근을 나간 날, 이 씨는 주차비로 낼 현금을 가지고 있지 않다는 이유로 혼났다. 그 다음 날에는 천 원권을 준비해 외근을 나갔지만 공영 주차장이 어디 있는지 알아보지 않았다는 이유로 질책을 들었다. 자신감이 썰물처럼 빠져나갔다.

일할 기회를 준 데 감사하며 첫 월급으로 사장 선물도 샀던 그는 한 해가 지나기도 전 사표를 만지작거렸다. 선배들은 틈날 때마다 지침을 내렸다. "메일이든 메신저든 확인했으면 '네, 알겠습니다.'라고 답해라", "전화받을 때는 친절한 톤과 초등학생 톤을 구분해라", "인사할 때는 감정을 티내지 마라." 이 씨의 일거수일투족이 첨삭되었다. 이 씨는 열심히 자신을 교정했지만, 팀장은 "네가 하면 문제 생길 수 있다."며 중요한 일은 두고, 부수적인 일만 맡겼다. 이 씨는 18개월 만에 첫 직장을 그만뒀다.

청년 직장인의 퇴사에는 노동시간 못지않게 한국 특유의 기업 문화가 영향을 미쳤다. 『사표의 이유』를 쓴 이영롱 씨는 "청년 세대는 기성세대가 짜놓은 비합리적이고 전근대적인 직장 문화와 불화를 겪고 있다."고 말했다. 그는 "사소하게는 점심 식사 고르는 것부터 퇴근 눈치 보기, 강제적 회식, 문제 제기하면 질타받고 능력보다는 연줄과 사내 정치가 앞서는 것"을 예로 들며 "합리성과 부당함에 대한 감각을 가진 청년 세대가 보기에 직장은 수직적이고 꽉 막힌 곳"이라고 말했다.

인격의 모멸감을 견뎌 내며 얻을 수 있는 사회적·경제적 대가가 적다는 점도 청년들의 신세 한탄을 돋운다. 최 모 씨(29세)는 "물가는 계속 오르는데 연봉은 동결되거나 물가상승률을 못 따라 간다."며 "돈을 모을 수 없으니 2년 전 입사할 때나 지금이나 미래는 여전히 백지상태"라고 말했다. 게다가 이들이 발 딛고 선 직장은 불안정하기만 하다. '평생직장'이라는 말은 옛말이 됐고 고용 불안정은 일상이 됐다.

김 모 씨(30세)는 자신이 언제든 대체될 수 있다는 불안감에 시달린다. 얼마 전 김 씨의 상사들은 한 명씩 차례로 3개월간 무급 휴가를 받았다. 사장은 "좋은 제도"라고 했지만 선정 기준도 없었다. 무급 휴가는 반강제적으로 이뤄졌다. 한 상사는 가족들이 눈치채지 못하게 무급 휴가 중 퇴직금 일부를 정산해 매달 자신의 계좌에 입금했다. 상사들의 공백에도 불구하고 회사는 아무 일 없이 돌아갔다. 김 씨는 "'너희가 없어도 회사는 잘 돌아간다.'

는 것을 보여 주는 실험 같았다."며 "누구라도 찍어 낼 수 있다고 경고하는 것"이라고 말했다.

정규직·비정규직·신입 누구에게나 깜깜한 미래

2015년은 전쟁이었어요. 한 차례 폭격기가 쓸고 지나간 느낌이죠. 새해요? 이젠 폭격기가 아니라 핵폭탄이 떨어지지 않을까 걱정되네요. 웃으면서 견디려고요. 우리가 웃지 않았으면 다 희망퇴직 쓰고 나갔을 거예요, 아마.

2015년 12월 22일 오후 6시 인천의 한 카페에서 만난, 두산인프라코어 생산직 직원 김동현 씨(가명, 20대)는 한 달간 마음 졸이며 살았다고 했다. 그는 한 달 전 회사에서 통지한 스물한 명의 대기 발령 명단에 들어갔다. 희망퇴직에 불응한 것이 이유였다. 희망퇴직은 '원해서 회사를 나간다.'는 뜻이다. 하지만 회사는 거부하는 직원들을 작업장에서 빼 대기 발령을 내렸다.

회사는 교육이라면서 A4 용지 3~5장 분량의 회고록을 쓰거나 명상을 하게 했다. 교육 중에는 휴대전화를 압수하고 화장실도 마음대로 못 가게 했다. 경조사 외에는 연차휴가도 금지했다. '인권침해'라는 반발이 커질 즈음, 1~2년차 신입사원과 23세 여직원까지 희망퇴직 명단에 들어간 사실이 외부에 알려졌다. 여론이 들끓었다.

처음에는 소문이었어요.

2015년 초 직원들 사이에 '회사가 정리 해고 절차를 밟을 것 같다', '이미 노동청에도 신고했다', '곧 매각된다.'는 이야기가 돌았다. '설마 그럴 리가.' 하면서도 가슴이 쿵쾅거렸다. 소문은 곧 현실이 됐다. 2월에 희망퇴직이 시작됐다. "지금 희망퇴직 신청하면 위로금이라도 받지, 나중에는 그것도 없을 테니 잘 생각해 봐요", "내년에 회사 사정이 안 좋을 것 같고, 지금 희망퇴직하는 것이 현장에서 일하는 분들에게는 더 이득일 거예요." 말이 개별 면담이지, '너 나가지 않을래?'라는 회유와 압박이었다.

희망퇴직에 응하지 않는 사람들은 두세 번씩 면담했다. "당장 눈앞에 있는 돈이라도 받고 나가자."며 자진해 퇴직을 신청하는 사람들이 생겨났다. "나 나간다. 잘 있어라." 눈시울이 붉어진 채 작별 인사만 짧게 주고받고 선배들은 줄줄이 회사를 떠났다.

"내가 왜 희망퇴직을 해야 되냐고, 내가 뭣 때문에……." 형들은 이야기를 나누다 서럽게 울었다. 그 옆에서 김 씨도 덩달아 울었다. 희망퇴직 권고는 곧 30대와 20대까지 내려왔다. '어떻게 해야 되지?' 머릿속은 백지처럼 하얘졌고 아무리 마음을 다잡아 봐도 감정은 울컥했다. "억장이 무너지더군요." 남들이 하던 말 그대로였다.

정말 답답한 것은 따로 있었다. 왜 희망퇴직 대상자가 됐는지, 무슨 기준인지 알 길이 없었다. '조직 문화에 융화되지 못한다', '업무 성과가 낮다.' 등 회사의 답변은 추상적이었다.

김 씨와 함께 대기 발령을 받은 박순현 씨(가명, 20대)의 목소리가 높아졌다.

하다못해 밖에서 주차 위반을 해도 육하원칙에 맞춰 말해 주잖아요. '무엇을 위반해서 딱지 뗍니다.' 이렇게요. 근데 우리는 잘못한 것이 없는데도 왜 나가라는지 객관적인 자료나 설명도 없어요.

옆에 있던 강호태 씨(가명, 30대)도 "회사에서는 직무 부적응자, 저평가자라고 이야기하는데……. 우리가 잘못한 것이 있으면 회사가 증명해야 하는 것 아닌가요?"라고 말했다.

경영난 때문일까? '찍퇴' 명단에 오른 이들은 고개를 저었다. "비정규직을 위한 자리를 마련하기 위한 것 아니겠어요?" 체감하는 작업 물량은 두산인프라코어가 잘나간다고 했던 6년여 전보다 늘었음에도 어느 순간부터 '회사가 어렵다.'며 위기론이 나왔다고 했다. 어떤 분야는 통째로 외주화해 버려 위로금을 받고 다른 업체로 자리를 옮기는 직원들도 생겨났다.

스무 명가량의 정규직이 라인 속의 한 팀을 이뤘던 두산인프라코어에서 몇 년째 정년퇴직 등으로 빈자리가 생기면 비정규직이 채우고 있다고 했다. 신입사원도 비정규직으로 뽑다 보니 현장에서 정규직 막내는 4~5년차이다. "현장에는 1~2년차 신입사원이 없어요. 다 계약직 형태로 쓰고 있거든요. 신입사원 안 뽑은 지 3년이 넘었을 거예요." 찍퇴들은 말끝에 그들도 슬프고 눈물 나기는 마찬가지라고 했다.

신혼여행 갔다 오지, 왜 안 갔다 왔어?

'정규직 찍퇴'인 우병민 씨(가명, 30대)는 4개월 정도 함께 일했던 비정규직 청년이 결혼 직후에 주말 특근을 나왔을 때 깜짝 놀랐다. 정규직은 주말에 볼일 있으면 근무를 바꿀 수 있지만 비정규직은 사정이 달랐다.

"열심히 하면 정규직으로 채용해 줄게", "자격증을 따. 그러면 정규직으로 채용해 줄게", "정규직으로 채용되려면 특근이나 주말 근무는 되도록 빠지지 않는 것이 좋을 거야." 비정규직에게는 항상 희망 고문이 이어졌다. 언제나 최선을 다해 일하지만, 결코 꿈은 쉽게 이뤄지지 않는다.

신혼이었던 그 청년도 6개월 근무를 채운 뒤 회사를 나오지 않았다. 회사는 근로계약을 연장하지 않았다. "그 친구를 보는데 눈물이 날 정도로 짠했어요. 천천히 해도 되는 일을 더 빨리하고, 반장이 해야 될 일도 앞서서 했어요. 정규직 되어 보려고 부단히 노력하고, 정규직과 똑같은 일을 하는데…… 모든 것들이 달랐

비정규직 청년 비율

한국노동연구원은 2015년 8월 기준 임금 근로자로 신규 채용(근속 기간 3개월 미만)된 15~29세 청년의 64퍼센트가 비정규직이라고 밝혔다. 2009년보다 10퍼센트포인트 증가한 수치다.

ⓒ 김변

죠. 들어올 때는 열심히 하면 된다고 생각했겠지만 결국 그렇게 안 되거든요. 안타까워요." 옆에서 듣던 박순현 씨는 "미안하고 불쌍하다. 현장 관리자가 서류까지는 책임져 줄 테니 열심히 해 보라고 했는데 그 사람도 떨어지더라."라고 말했다.

사람이 미래다?

박용만 당시 두산그룹 회장은 2013년 서울대학교에서 열린 두산 채용 설명회 현장을 직접 찾았다. 그는 '젊은 청년에게 두산이 하고 싶은 이야기'로 이름 붙인 설명회에서 "'사람이 미래다'라는 두산의 광고 카피는 단순한 기업 광고가 아니라 두산의 경영 철학을 그대로 표현한 메시지"라며 "삶의 의미를 실현하는 행복하고 합리적인 일터가 돼야 그 조직은 건강하게 자란다."고 말했다. 그러나 두산인프라코어는 청년들에게 희망퇴직 신청을 받고 있었고, 그 사이 '오너' 일가가 가져가는 배당금은 계속 늘어났다.

찍퇴 대상자들에게 회사 동료들의 문자 메시지가 왔다.

도와줄 수 없어서 미안하다. 미안해!

이문규 씨(가명, 20대)는 "저마다 사정이 있으니 이해할 수 있다."며 "전에는 나도 잘 몰랐지만 막상 겪고 나니까 이제야 알겠다."고 말했다. 불합리하다고 느끼면서도 생계가 걸려 외면하는 사이 누군가는 그 찍퇴 명단에 오르게 된 것이다.

박순현 씨는 5년 전을 떠올렸다.

회사 합격 통보를 당숙모님이 돌아가신 장례식장에서 받았는데 표정 관리가 안 되더라고요, 장례식장에서. 그 정도로 좋았는데 지금 이러고 나니까 한동안 잠이 안 왔어요. 자고 일어나면 모든 것이 꿈이었으면 하는 생각만 들고……. 얼마 전 회사에 일이 있어서 갔는데 출입증이 다 차단됐더라고요. 그때가 퇴근 시간이었는데 5년 동안 다녔던 회사가 너무 낯설게 느껴지고, 동료들이 일 끝나고 나오는 모습을 봤는데 얼마 되지 않는 그 거리에서 출입구 사이에 두고 내가 그 사람들과 함께 있을 수 없다는 괴리감이 엄청 크게 와닿더라고요. 많이 참았죠. 서러워서 울고 싶었는데 그래도 보는 눈이 있으니까. 정말 많이 참았어요.

그 말끝에 깊은 한숨이 배어났다.

이들을 만난 지 1주일 뒤 회사는 희망퇴직에 불응해 대기 발령을 냈던 스물한 명의 정리 해고 계획을 철회했다. 여론의 뭇매를 맞고 바꾼 것이다. 그러나 미래는 여전히 알 수 없다. 1년 뒤, 5년 뒤, 10년 뒤 이곳에서 일할 수 있을지, '사람이 미래다'라는 구호는 한국에서 과연 실현 가능할지 고민은 그대로다. 그날 인터뷰를 마치고 일어서던 강호태 씨에게 "세상에 바라는 것이 있어요?"라고 묻자 이렇게 말했다.

> 비단 남의 일이 아니고, 결국에는 돌고 돌아서 내 일이 되리라는 것을 사람들이 알았으면 좋겠어요. 두산인프라코어만의 일이 아니라 말이죠. 그놈의 '노오력'이 부족하다는 소리 좀 하지 말고, 그놈의 '아프니까 청춘'이라는 소리 좀 하지 말고. 불합리한 것에 관심을 갖고 공감했으면 좋겠어요. 결국 우리가 함께 바꾸는 거니까요.

청년 팔이

'청년'은 꾸준한 인기 상품이다. 청년들이 고달플수록
'청년'은 잘 팔렸다. '청년' 소비는 정치에서 경제·문화까지
분야를 가리지 않았다. 선거철만 되면 정치인들은
여야 가리지 않고 청년을 찾아 "청년 실업 해소하겠다."고
공언했다. 대기업도 "청년 고용에 앞장서겠다",
"스펙 초월 채용을 하겠다."고 나섰다. 정작 청년들의 삶은
나아지지 않았다.

'청알못' 한국 사회

29만여 건. 인터넷 포털 사이트에 '청년'이라고 입력하면 나오는, 2016년에 작성된 기사 숫자다. 하루에 795건씩, 한 시간에 33개씩 쏟아진 셈이다. '헬조선'이라고 검색해도 7,790건의 기사가 이어진다. 대개 '청년이 힘들다.'는 글과 통계이다.

그럼에도 청년들에게 한국 사회는 '청알못'(청년을 잘 알지 못하는 사람)이다. 어느 분야에 대해 잘 알지 못하는 사람을 뜻하는 신조어 '~알못'에 청년이 붙기 시작했다. 답도 주지 않으면서 '청년 팔이'를 하지 말라는 울분이다. 김하영 씨(31세)는 "청년을 볼모로 잡고 자기들 하고 싶은 것만 다 하고 있다."고 말했다. 그야말로 청년이라는 단어가 상품처럼 '소비'만 되고 있다는 것이다.

정치인들은 선거 때마다 청년 알바 체험을 하고, 토크 콘서트나 사랑방 대화를 연다. 하지만 필요할 때 불렀던 청년은 돌아서면 잊힌 존재가 되고 만다. 청년 문제를 지적하는 대통령들의 말에는 청년들의 독한 패러디가 줄을 이었다. "일자리 창출이 기업의 사회적 책임"이라고 밝힌 롯데 그룹은, 그만두는 청년 알바생에게 당연히 지급해야 할 법정 퇴직금을 주며 부당 해고 구제 신청을 비롯해 그 어떤 이의 제기도 하지 않겠다는 서약서를 받고, '사람이 미래다'라는 광고 카피를 앞세웠던 두산 그룹은 20대 청년에게 희망퇴직의 칼을 겨눴다. '청년'이라는 단어를 그룹 이미지에 포장했던 기업의 갑질이었다. 청년들을 '○○ 세대'라고 명명하기 좋아하는 언론에서도, 꽤 오래전부터 청년의 절반을 차지하는 고졸·전문대졸 사람들은 홀대받고 있다.

교보문고 주간 베스트셀러에서 35주 연속 1위를 기록한 김난도 서울대 교수의 책 제목인 『아프니까 청춘이다』는 코미디언 겸 작가 유병재 씨가 텔레비전 프로그램에서 "아프면 환자지."로 패러디했다. 한때 '멘토'의 위로와 힐링으로 들렸던 말이 현실을 왜곡하고 감추는 단어가 됐다는 항의였다. 구체적 대안과 출구 없이 온 나라가 청년을 과소비하는 사이 청년 실업률은 2016년 9.8퍼센트(통계청, "2016년 고용동향")로 악화돼 역대 최고치를 찍었다.

청년을 불러내고 소비하는 사람은 늘고 있지만 청년의 삶은 나빠졌고, 반복된 청년 팔이에 청년들은 지쳤다. 일례로 2016년 1월 13일 "노동 개혁은 사실 청년들을 위한 것"이라고 대국민 담화를 한 당시 박근혜 대통령에게, 다음 날 청년 단체들이 청와대 앞에서 "청년 팔이"라고 반박했다. 정영무 씨(27세)는 "노동 개혁으로 청년을 위해 마치 엄청난 것을 하는 듯이 말하는데 속살을 보면 해고만 쉬워지고 비정규직만 늘어나는 것 아닌가? 요즘 대기업에서 20대도 명예퇴직시키는데……."라고 말했다. 거리감을 토로하는 그의 맺음말은 "청알못"이다.

전직 대통령들의 말과 말

"청년들이 위험한 도전을 피하는 게 아닌가 싶다."
(이명박 전 대통령)

"대한민국에 청년이 텅텅 빌 정도로 한번 해보라.
어디 갔느냐고, 다 중동 갔다고."
(박근혜 전 대통령)

ⓒ 경향신문

급할 때만 찾는 이름, '청년'

이현진 씨(26세)에게 '청년 인턴'은 입에 담고 싶지 않은 단어다. 크고 작은 기업에서 해온 인턴만 네 번째다. 그는 정부가 '청년' 인턴을 늘린다는 소식을 듣고 의아했다. '청년'과 '인턴'이 동어반복처럼 여겨졌기 때문이다. 이 씨는 "인턴 앞에 '청년'을 왜 붙이는지 모르겠다. 인턴은 거의 대부분 20대 취업 준비생들이 하지 않나. '청년'을 붙여서 마치 청년들에게 기회를 더 주는 것처럼 눈속임하는 것 아닌가?"라며 너무 기만적이라고 말했다.

'청년'은 꾸준한 인기 상품이다. 청년들이 고달플수록 '청년'은 잘 팔렸다. '청년' 소비는 정치에서 경제·문화까지 분야를 가리지 않았다. 선거철만 되면 정치인들은 여야 가리지 않고 청년을 찾아 "청년 실업 해소하겠다."고 공언했다. 대기업도 "청년 고용에 앞장서겠다", "스펙 초월 채용을 하겠다."고 나섰다. 정작 청년들의 삶은 나아지지 않았다.

한국언론진흥재단은 방송과 신문 보도를 분석해 발간한 보고서 "청년 실업, 언론보도와 국민인식"(2015/09/24)에서 "청년 실업을 가장 많이 언급한 주체는 청와대와 박 대통령"이라고 밝혔다. 박 전 대통령은 2015년 10월 국회 시정연설에서 '청년'을 32번(일자리 27번)이나 언급하기도 했다. 당시 여당이었던 새누리당도 '청년'을 자주 입에 올렸다. 김무성 전 대표는 '청춘 무대' 타운홀 미팅에서 청년들과 만나 "청년들의 분노 잘 안다."고 말했다. 그러나 또 다른 자리에서는 "제 막내아들도 용돈 잘 안 주니 알바하더라", "청년들이 너무나 쉬운 일만 선호한다."고 했다.

선거를 앞둘 때만 청년을 찾고, 정책을 쏟아 내는 것은 당시 야당도 크게 다르지 않았다. 더불어민주당(이하 민주당)은 20대 총선의 청년 비례대표 후보자 나이 상한선을 '만 45세' 이하로 높였고, 20·30대가 정치권에 진입하기는 그만큼 더 어려워졌다.

"우리를 '소비'하지 말라, 아파도 된다고 말하지 말라"

드라마·영화·웹툰 등 문화 콘텐츠에서 청년은 낭만·사랑·우정의 주인공으로 많이 등장해 왔다. 그러나 청년은 이제 고통 받는 존재로 그려지기 시작했다. 무역 회사에서 열정 인턴 2년을 보내고 잘린 비정규직 장그래의 이야기를 다룬 tvN 〈미생〉이나 KBS 〈직장의 신〉이 대표적이다. 광고계도 청년을 위로하거나, '알바몬'(혜리)·'알바천국'(유병재)처럼 유명 연예인을 앞세워 근로계약서 작성법, 최저 시급 등 알바생의 권리를 알렸다. 비정규직 문제가 드라마의 주제가 되고, 취업 알선 업체의 광고가 문화적 이슈가 된 것이다.

박이대승 씨(38세, 프랑스 툴루즈2대학 박사과정)는 "최근 '청년'이라 묶이는 이들이 냉소하는 것은 어쩌면 당연하다. 정치권·지식인·언론 모두 뜬구름 잡듯 '청년'을 언급한다. 구체적인 분석도 없고 주거나 저임금 노동 등에 대한 해결책을 제시하지 않는다."며 "알바노조, 민달팽이유니온이 각기 노동과 주거 문제를 다루듯이, 구체적인 청년 문제와 함께 청년을 언급할 때가 됐다."고 말했다.

한편 2007년 『88만 원 세대』(우석훈·박권일)가 발간된 뒤 청년 실업을 중심으로 한 담론이 시작됐다. 『이것은 왜 청춘이 아니란 말인가』(엄기호, 2010), 『청춘을 위한 나라는 없다』(한윤형, 2013), 『잉여사회』(최태섭, 2013), 『일베의 사상』(박가분, 2013), 『우리는 차별을 찬성합니다』(오찬호, 2013) 등 청년을 주제로 한 책이 쏟아지고 확장됐다. 취업난뿐만 아니라 비정규직, 아르바이트 최저임금, 일베의 등장과 청년들의 심리적 소외 등이 다양한 청년 문제 속에 담겨 논의됐다. 우석훈 교수는 『88만 원 세대』 출판 5년째인 2012년 3월, 악화되는 청년들의 현실을 가리키며 "세상에 준 기여보다 부정적 폐해가 더 많게 된 책, 청춘들이 움직이지 않을 이유로 삼게 된 책이다. 청춘이여, 정신 좀 차려라."라고 하면서 절판을 선언했다. 2010년 3월 고려대학교 학생 김예슬 씨의 "대학 거부" 선언은 2013년 12월 역시 고려대 학생 주현우 씨가 쓴 "안녕들 하십니까" 대자보로 이어졌다.

2백만 부가 넘게 팔린 『아프니까 청춘이다』(김난도, 2010)를 필두로 청년들의 멘토를 자처하는 기성세대의 이야기들도 등장했다. 『스무 살, 절대 지지 않기를』(이지성, 2011)처럼 청년에게 힘을 내라거나, 『언니의 독설』(김미경, 2012)처럼 자기 계발을 채

찍질하는 형태도 있었다. 2014년 12월에는 적은 소득에도 만족하며 살아가는 일본 청년들을 소개하는 『절망의 나라의 행복한 젊은이들』(후루이치 노리토시, 2014)이 나와 화제가 됐다. 비슷한 시기에 한국에서는 '달관 세대'가 등장했다. 『조선일보』는 안분지족하는 법을 깨달은 세대라는 의미로 청년을 '달관 세대'라고 명명해 논란의 중심에 섰다.

유지영 씨(25세, 취업 준비생)는 "요즘 주변에서 청년 이야기를 해도 흘려듣는다."고 말했다. 어차피 변화가 없다는 것을 깨달았기 때문이다. 유 씨는 "대학에 처음 왔을 때 '청년들아, 토익 책을 덮어라. 짱돌을 들어라.' 이런 말을 들었을 때 혹했다. 집회에도 여러 차례 나갔다. 정작 취업 준비생이 된 지금, 토익 책을 덮으면 취업할 수 있는 길은 사실상 찾기 어렵다."고 말했다.

쌍봉형 가난

비정규직 부모가 비정규직 자녀를, 저임금 노동자가 저임금 노동자를 낳고 있다. 정규직 임금의 평균 53.5퍼센트를 받는 비정규직의 비중은 '25세 미만'과 '60세 이상'에서 가장 높다. 쌍봉낙타처럼, 두 개의 봉우리가 솟은 형태다.

부모도 자식도 가난하다

가난한 청년 뒤에는 가난한 부모가 있다. 한국에서 가족은 정부를 대신해 '완충장치', '안전망' 역할을 해왔다. 그러나 자녀들이 고등교육과 취업 문턱 앞에서 헤매고 있는 지금, 그 부모들 역시 돈에 쪼들리고 있다.

1997년 외환 위기 이후 불안정한 일자리의 파도는 부모 세대를 먼저 덮쳤다. 신광영 중앙대학교 교수(사회학)에 따르면, 2001년 중산층이던 50대 남성 네 명 가운데 한 명만이 10년 뒤에도 중산층으로 남았다. 빈곤한 가정환경 속에서 자라난 청년들은 부모의 '경제적 지원'을 바랄 수 없었다. 비정규직 부모가 비정규직 자녀를, 저임금 노동자가 저임금 노동자를 낳고 있다. 정규직 임금의 평균 53.5퍼센트를 받는 비정규직의 비중은 '25세 미만'과 '60세 이상'에서 가장 높다.★ 쌍봉낙타처럼, 두 개의 봉우리가 솟

★ 국책 연구 기관인 한국노동연구원은 "2016 비정규직 노동통계"(2016/12/30)에서 비정규직이 받는 임금을 정규직의 53.5퍼센트라고 밝혔다. 또한 2016년 한국노동사회연구소의 김유선 선임연구위원이 발표한 "비정규직 규모와 실태"에 따르면 임금노동자 중 비정규직이 정규직보다 더 많은 연령대는 남성의 경우 20대 초반과 60대 이상이며, 여성은 20대 초반과 40대 후반 이상이다. 연령별 '비정규직 비중'을 그래프로 나타내면 남성은 30~40대를 저점으로 하는 U자형, 여성은 20대 후반을 저점으로 하는 V자형을 그린다. 김 선임연구위원의 이 같은 분석은 통계청의 "경제활동인구조사 부가조사(2016년 8월)"를 바탕으로 한 것이다.

은 형태다.

중산층으로 살아남은 중·장년들도 빈곤의 위험을 느끼기는 마찬가지다. 노후 준비는 생각할 겨를도 없이, 자녀들의 교육과 취업 준비에 돈을 쏟아부었다. 그러나 10대 후반~20대 청년 열 명 가운데 서너 명이 1년 이하의 계약직이나 '일시적 일자리'로 첫 취업을 하는 상황에서, 가정의 지원을 받는 중산층 자녀 역시 '괜찮은 일자리'를 구하기는 쉽지 않다.★ 자녀에게 부와 지위를 물려주지 못한 부모는 늙어서 자녀에게 기댈 생각도 할 수 없다. 청년들이 말하는 '흙수저'에는 고착화되어 가고 있는 '쌍봉형 가난'에 대한 절망이 내포돼 있다. 나와 가족이 풀 수 없는 답을 사회가 찾아 달라는 외침인 셈이다.

쌍봉형 가난 현상은 꾸준히 감지된다. 신광영 교수는 2011년 소득분포 자료에서 60대 부모와 30대 자녀가 동시 빈곤을 겪고 있을 가능성을 분석했다. 고용이 안정적인(정규직·고용주 지위 등) 60대가 30대 자녀와 동시 빈곤(소득 하위 40퍼센트)을 겪고 있을 가능성은 8.87퍼센트에 불과했다. 그러나 고용이 불안정한 60대

★ 통계청 '경제활동인구조사 청년층 부가조사(2016년 5월)' 결과에 따르면 만 15~29세 청년이 첫 취업을 하는 데 소요되는 기간은 평균 11.2개월이었으며 이들의 첫 일자리 가운데 22.2퍼센트는 '1년 이하의 계약직'이었고 12.5퍼센트는 계약 기간을 정하지 않은 '일시적 일자리'였다. 둘을 합하면 34.7퍼센트다.

두 개의 빈곤 봉우리

21.41%

: 불안정한 부모 세대(60대)가 자녀 세대(30대)와 동시에 빈곤을 겪고 있을 가능성

8.87%

: 안정적인 부모 세대가 자녀 세대와 동시에 빈곤을 겪고 있을 가능성

ⓒ 경향신문

와 30대 자녀가 동시 빈곤을 겪고 있을 가능성은 21.41퍼센트로 높아졌다. 부모와 청년 세대에 두 개의 '빈곤 봉우리'가 만들어지고 있는 셈이다.

부모 세대의 빈곤 위기는 1997년 외환 위기 이후 불안정한 일자리가 늘면서 중산층이 급속히 무너진 것과 긴밀히 관련되어 있다. 신광영 교수가 30~50대 남성 1,594명의 2001년 경제적 지위가 2011년에 어떻게 변했는지를 추적한 결과 중산층을 유지한 30~40대는 3명 중 2명꼴이었다. 50대의 경우에는 4명 중 1명꼴에 불과했다. 2011년 '정규직 중산층 분포'는 30대에 정점(38.79퍼센트)을 이루다가 50대(15.91퍼센트)에 급감한다. 신 교수는 "나이가 든 사람일수록 불안정한 일자리에 더 노출되어 왔음을 보여 준다."고 지적했다.

이제 '비빌 언덕'은 없다

이런 상황에서, 아무리 열심히 일해도 학비·주거비·병원비가 빚으로 고스란히 불어나는 속도를 따라잡기 어려운 가정이 늘고 있다. 누군가 아프기라도 하면 상황은 더욱 심각해진다. 부모는 자식에게, 자식은 부모에게 서로 미안해하며 위로할 뿐이다. 일에서 희망을 찾던 시대는 끝나 가고 있다. 한 세대 전만 해도 '비빌 언덕'이었던 가족. 이제 그런 가족은 없다. 외려 가족이 누군가에게는 가난을 물려주는 울타리가 됐다.

신효정 씨(가명, 61세)에게 친정은 영원한 우군이었다. 남편과 이혼했을 때도, 먹고살기가 막막할 때도 친정이 손을 내밀어 줬다. 인생의 전성기도 친정의 품 안에서 맞았다. 1992년 친정 엄마가 신탁은행에서 대출을 받아 서울 영등포에 카페를 하나 내줬다. 장사는 생각 이상으로 잘됐다. 영등포에 소문이 날 만큼 돈을 많이 벌던 때다. 신 씨도 친정 엄마 생활비를 대며 나름의 보은을 했다. 가족 복지가 선순환하던 시절이었다.

신 씨가 어려울 때도 친정은 거기에 있었다. 2000년대 초 영등포 가게를 정리하고 새로 빚을 얻어 방배동에 카페를 하나 냈다. 한 번 잘했으니 자신 있다고 제부를 설득해 빚보증도 세웠다. 하지만 정작 문을 연 가게는 터무니없이 장사가 안됐다. 월세를 낼 돈이 없어 보증금을 거의 다 까먹는 지경까지 이르렀다. 집이고 가게고 할 것 없이 차압 딱지가 붙었다. 상환을 못 하니 빚쟁이들이 월급쟁이인 제부를 닦달했다.

신 씨의 아들 이원일 씨(가명, 31세)는 그 당시 고등학생이었다. 무시로 집을 드나드는 빚쟁이들과 종종 마주쳤다. 어떤 이들은 학생인 이 씨에게 빚 갚는 대신 보증을 서라고 종용하기도 했다. 이 씨는 모든 것이 비정상적이라고 생각했다.

이 씨는 고등학교를 마치고 지방 전문대학에 진학했다. 사실 막연히 집을 떠나고 싶었다. 어머니에게 손 벌리지 않고 아르바이트를 해서 돈을 모았다. 군에 있을 때조차 휴가 나오면 일용직

아르바이트를 해서 용돈을 충당했다. 복학한 뒤에는 대형 마트 보안 요원 자리를 얻었다. 월급 120만 원 중 90만 원을 적금에 부었다. 밥은 3천 원짜리 직원 식당에서만 해결했다. 그러던 와중에 어머니 건강이 나빠졌다. 눈에 문제가 생겼는데 병원에 갈 때마다 30만 원씩 들었다. 별다른 수입이 없던 어머니는 생활보호 대상자로 지정될 수 있었지만 이 씨의 수입이 문제가 됐다. 자녀 소득이 일정 기준을 넘으면 부모가 생활보호 대상자로 지정될 수 없었다. 어머니와 경제적으로 독립된 삶을 살기 위해 노력했던 이 씨는 일부러 '저소득자'가 되어야 하는 상황에 허탈해졌다.

이 씨는 졸업 후 대형 마트 정규직으로 채용됐다. 2015년 연봉은 세전 기준 3천9백만 원이었다. 그해 이 씨는 결혼 문턱에서 발부리를 찧었다. 4년을 만난 애인은 "너 때문에 인생을 낭비했다."며 이 씨 곁을 떠났다. 중산층 가정에서 자란 애인은 이 씨와 같은 시기에 직장 생활을 시작했지만 5천만 원을 모았다고 했다. 이 씨 수중에는 돈이 없었다. 빠르게 벌어 보자는 심산으로 3천만 원을 대출받아 주식에 투자했다. 빚만 빠르게 늘었다. 결국 애인은 떠나고 6백만 원의 빚만 남았다. 이 씨는 이렇게 말했다.

> 가난의 대물림, 이런 것이 끊기가 쉽지 않은 듯하다. 로또 맞거나 그러지 않는 이상…….

저당 잡힌 노후의 덫

최대 투자처가 자녀 교육이던 시절이 있었다. 잘 키운 자녀는 부모를 책임지고 때로는 가문을 일으켜 세웠다. 그러나 이제 그럴 가능성은 점점 엷어지고 있다. 도리어 자녀에 대한 투자로 빈곤의 늪에 빠질 위험성이 커지고 있다. 흔히 말하는 중산층이 그 위험에 직면해 있다. 웬만한 자산을 보유한 부유층이 아니면 풍요의 대물림은 단절되고 있는 것이다.

정은태 씨(가명, 54세)도 어린 시절 좋은 교육을 받았다. 퇴역 군인인 아버지의 연금으로 열한 식구가 살았다. 어려운 환경에도 아버지는 자식 교육을 위해 정읍에서 전주로 이사 갔다. 정 씨는 지방 거점 국립대에 진학했다. 아버지는 융자받아 학비를 댔다. 통 공부를 안 해 성적이 신통치 않았지만 졸업하기도 전인 1987년 10대 그룹 입사가 결정됐다. 이듬해 결혼한 그는 부모 도움 없이 단칸방에서 신혼을 시작했다. 아이 둘을 낳고 한동안 순항했다. 그러다 외환 위기가 왔다. 명예퇴직을 했고 몇 년의 실업 기간에 다시 아버지 연금의 덕을 봤다. 정 씨는 2004년 한 중소기업의 중국 법인장이 돼 한국을 떠났다. 연봉은 5천만 원을 조금 넘고, 중국 체재비로 연 4천만 원을 더 받았다. 한국의 집은 부모에게 내줬다. 다달이 용돈도 부친다.

정 씨의 큰딸 경은 씨(가명, 27세)도 부모의 지원 아래 좋은 교육을 받았다. 경은 씨는 고등학교 3년을 중국에서 보냈다. 3학년이 됐을 때는 중국에서 한국 미술대학 입시를 준비하는 학원에 다녔다. 거주지인 선전에는 학원이 없어 상하이까지 갔다. 그해 5월 중국 고등학교를 졸업한 뒤에는 서울 홍익대학교 앞에 고시원을 얻고 미술 입시 학원을 다녔다. 고시원비 55만 원, 용돈 50만 원, 학원비 1백만 원 내외로 매달 2백만 원을 썼다.

경은 씨는 서울 4년제 대학 시각디자인과에 입학했다. 예체능계라는 이유로 입학금까지 650만 원을 냈다. 학교 앞에 보증금 1천5백만 원에 월세 43만 원짜리 집을 구했다. 용돈으로 월 70만 원을 받았다. 20만~30만 원대의 중국어·토익·토플 학원을 다니기도 했다. 지금은 아빠가 구해 준 1억8천만 원짜리 전셋집에 살고 있다.

2013년 대학을 졸업한 경은 씨는 대기업 몇 군데에 원서를 냈다. 중국어 1급 자격증이라는 남다른 스펙이 있었지만 취업에는 실패했다. 2015년에야 계약직 노동자로 10개월간 일해 월 120만 원을 벌었다. 부모에게 돌아간 돈은 없다. 계약 기간이 만료된 경은 씨는 다시 시민 단체 취업을 고려하고 있다.

아버지 정 씨의 정년은 55세다. 그는 지방 도시에 아파트 한 채, 서울에 전셋집 하나를 갖고 있다. 하지만 두 자녀를 키우며 달리 모아 놓은 돈은 없다.

정 씨는 노후가 걱정된다면서도 "자식들의 도움은 기대하기 어렵다."고 말했다. 경은 씨는 "아빠 노후를 책임질 수 있어야 하는데, 투자한 것이 있으니 비슷한 정도로 돌려 드려야 하는데 그게 안 될 것 같다."고 말했다.

이정훈 씨(가명, 32세)의 아버지는 의류 계통에 몸담은 사업가였다. 1997년 외환 위기를 맞아 사업이 기울고 집안이 어려워지면서 어느 날 아버지가 보이지 않았다. 중학교 2학년 때였다. 어머니는 대출로 가족의 생계를 잇다가 화장품 방문 판매원을 거쳐 보험 설계사로 일했다. 그러던 어느 날 정훈 씨네 가족에게 갑자기 '계급 상승'의 기회가 왔다. 실업계 고등학교를 다니던 네 살 어린 동생이 미국 캔자스 주립대에 붙은 것이다. 지역 신문에 날 정도의 '사건'이었다. 조금만 더 고생하며 버티면 '유학파' 동생이 훗날 '집안 경제'를 일으키리라는 기대도 가져 봤다. 주변에서도 다 그렇게 될 거라며 축하해 주었다.

"그러면 뭘 해요. 집이 기울면서 다시 돌아왔는데……."

어머니의 수입이 줄면서 동생은 유학을 포기했다. 지금은 화장품 공장에서 생산직으로 일하는 중이다. 고정 수입이 없던 '흙수저 2대 가족'에게 해외 유학은 꿈같은 일이었다.

'흙 심은 데 흙 나는' 사회

청년의 고통을 논할 때면 등장하는 개념이 있다. '세대론'이다. 세대론에서 부모 세대는 청년에게 돌아갈 몫을 가로채거나 착취·방조하는 이들로 종종 묘사된다. 그러나 중·장년층 사이에서도 소득·재산 격차가 크게 벌어져 있다. 세대론만으로는 '세대 내부의 계급'을 볼 수 없다.

한국 사회에서 '흙부모'는 제아무리 피나는 노력을 해도 자녀를 저임금의 '흙수저 청년'으로 키울 가능성이 커지고 있다. 부모와 자녀 세대가 모두 가난한 '쌍봉형 가난' 현상도 늘고 있다. 반면에 '금부모'의 자녀는 쉽게 '금수저 청년'이 되고 있다. 흙수저 청년들을 옥죄는 사회구조의 중심에는 대를 잇는 '계급'과 기회의 불평등이 있다.

제가 어릴 때 똑똑했다고는 하는데, 공부 머리는 없었던 것 같아요.

고등학교를 졸업한 뒤 마땅한 직업을 찾지 못한 채 꽃집, 빵집 아르바이트를 전전하는 김세영 씨(가명, 33세)는 고개를 떨어뜨리며 이렇게 말했다. 아버지가 일찍 돌아가시고 어머니, 언니와 함께 서울의 한 영구 임대 아파트에서 살아온 그는 앞날이 불투명한 이유를 자신 탓으로 돌렸다. 하지만 이제는 '공부 머리'까지 계급에 좌우된다고 보는 것이 사실에 가깝다.

김 씨의 경우처럼 부모의 빈곤이 자녀의 '지위 획득 실패'로 이어지는 이유는 무엇일까? 상층계급이 구사하는 다양한 전략을 중산층과 하층계급은 따라가기 힘들다는 데 주요 원인이 있다. 핵심 고리는 교육과 스펙 경쟁이다.

사회경제적 지위가 있는 부모의 '돌봄'은 자녀의 '공부 머리' 부터 바꾼다. 영국 런던 정경대 레온 페인스타인Leon Feinstein 교수는 인지능력이 부모의 사회경제적 배경에 좌우된다는 사실을 2003년 밝혀냈다. 그는 1970년생 영국 아동 가운데 생후 22개월 때 인지능력이 상위 10퍼센트 수준이던 저소득층 자녀와 인지능력 하위 10퍼센트이지만 부모의 배경이 좋은 자녀를 비교했다. 그 결과 두 그룹의 인지능력은 생후 78개월(6년 6개월) 즈음부터 역전됐다. 배경이 좋은 아동의 인지능력이 꾸준히 상승하고 저소득층 아동은 상대적으로 하락한 탓이다. 역전이 본격적으로 일어나는 시기는 9~10세, 즉 학교에 들어가 학업 능력을 펼치기 시작하는 시점이다.

'고학력' 어머니의 집중적인 관리를 받을 수 있는 것도 중상층 계급의 자녀만이 누릴 수 있는 특권이다. 어머니가 고학력일수록 자녀가 사회적으로 더 인정받는 직업을 얻는다는 연구 결과도 있다. 김종성 한국고용정보원 연구원과 이병훈 중앙대 교수의 논문 "부모의 사회계층이 자녀의 노동시장 성과에 미치는 효과"(2014/02)를 보면, 국제적으로 쓰이는 직업 지위 점수를 1999~2009년 각 연도의 청년층(15~34세)에 적용했을 때 어머니의 학력이 높은 사람의 점수가 높게 나타나는 경향이 발견됐다. 실제로 김 씨는 "어머니는 일하느라 바빠서 제 시험 점수를 챙기거나 성적에 신경 쓰라는 압박을 준 적은 없었다."고 말했다. 이런 경향은 고등학교 졸업 후 취업 전선에 뛰어든 빈곤층 가정의 자녀들에게 공통적으로 나타난다.

빈곤층이 생계에 집중하며 자녀에 신경 쓰지 못하는 동안 명문 대학 입학이 그 잣대로 사용되던 '계급' 성취 도식은 더 복잡해졌다. 이제 '이너 서클'(핵심층)은 특목중·고 네트워크다.★ 이기현 씨(가명, 34세)는 강남에서 넉넉하게 자라 유명 외고를 거쳐 고려대를 졸업했다. 증권업계 종사자답게 '네트워크' 감각이 발달한 이 씨는 "이제 대학을 넘어 유명 외고 같은 특목고 네트워크가 중요해지는 시대로 가고 있다."고 말했다. 그는 "우리 고등학교 후배니까 너 믿고 (금융 상품을) 산다."는 말을 자주 듣고 스스로도 "고등학교 선배에게 달라붙어 산다."고 했다.

'유학'과 '해외 체류'도 부모 경제력이 자녀의 '고급 스펙'으로 직접 연결되는 대표적인 경우다. 김은수 씨(가명, 35세)는 중학생 시절 사업하는 아버지를 따라 말레이시아로 이민을 갔다. 그곳에서 연간 학비가 2천만 원에 달하는 국제학교를 6년간 다녔다. 김 씨는 이때 영어 실력을 쌓았고 각국의 친구를 사귀었다. 이 경험은 한국에서 대학을 졸업한 뒤 대기업에 취업할 때 유리하게 작

★ 고등학교 진학도 부모의 경제력과 맞물린다. 가령 서울 지역 고등학교 1학년의 학교 유형별 가구 소득분포를 보면, 특목고생의 50.4퍼센트는 가족의 월 소득이 5백만 원을 넘었고, '2백만 원 이하'를 버는 가정은 15퍼센트에 불과했다. 반면에 특성화고를 다닌 이들의 가정 중에는 2백만 원 이하를 버는 경우(57퍼센트)가 가장 많았고 5백만 원을 초과하는 가정의 비중은 4.8퍼센트에 불과했다(김희삼, "사회 이동성 복원을 위한 교육정책의 방향", 『KDI FOCUS』 통권 제54호).

용했다.

그나마 경제적 능력이 남아 있는 중산층의 경우 상류층의 계급 유지 전략을 따라가는 데 힘 쏟기 바쁘다. 게다가 부모의 경제력에 좌우되는 '스펙 쌓기'는 대학에 진학한 뒤에도 이어진다. 한국교육개발원이 수집한 1976~86년 출생자 2,013명의 자료를 분석한 "계급과 스펙경쟁"(신광영·문수연, 2012)에 따르면 '중간계급'에 속하는 경영·관리직, 전문직 종사자의 자녀가 대학에 다닐 때 받은 외국어 사교육 경험은 일반 노동계급 자녀의 1.7배였다(2011년 기준). 유학이나 1개월 이상의 해외 연수도 중간계급이 4.31배 더 많이 다녀왔다.

즉 부모의 힘겨운 지원을 등에 업은 중산층 자녀들은, 아예 어린 시절부터 해외에서 자라나거나 혹은 부모의 특수한 인맥 등에 기댈 수 있는 '상류층' 자녀들과 힘겹게 경쟁하고 있다.

그러나 노동계급과 중간계급의 '노력'이 아무리 치열해도 '괜찮은 일자리'로 향하는 문이 좁아지면 좁아질수록 상류층은 다시 '변별력 있는 스펙 쌓기'에 나설 것이다. 부모의 '지원 수준'이 점점 더 중요해지는 악순환이 계속되는 이유다.

지·옥·비

지하방·옥탑방·비주택(비닐하우스 등)을 전전하는 청년들이
꽉 막힌 현실을 자조하는 말이다.

'집'이라는 이름의 감옥

청년에게 집은 빈곤을 악순환시키는 고리가 됐다. 고작 잠을 잘 수 있게 해주는 주거비조차 청년들의 알바 수입 등으로는 감당하기 힘들다. 청년들은 더 싼 집을 구하러 6개월, 1년, 혹은 2년마다 '잠깐 누워서 쉬는 공간'을 찾아 헤매고 있다. 여름이면 찜질방이 되는 옥탑방과 벽화처럼 곰팡이가 핀 반지하를 전전하고, 생판 모르는 사람들과 방을 나눠 살아간다.

서울에 사는 청년 다섯 명 가운데 한 명 이상이 최저 주거 기준에 미달하는 주택이나 '지·옥·비'(지하방·옥탑방·비주택)에 사는 주거 빈곤층이다. 창문을 시원하게 열 수도 없고, 벽에 못을 박아 액자를 걸지도 못한다. 책장을 구입해 책을 꽂고, 예쁜 화분을 가꾸는 일은 이들에게 '사치'였다. 이제 청년들에게 집은 '나만의 휴식처'가 아니다. 그들에게 집은 박탈감을 안기는 '절망'의 공간으로 받아들여졌다. 부모 세대는 물론 청년 세대에게도 집은 가난의 굴레가 되고 있는 셈이다.

2014년 국세청 통계를 보면 연간 임대료 수익은 주택 임대업자가 1조8,896억 원, 상가 임대업자는 56조2,383억 원이다. 하지만 경제정의실천시민연합(경실련)은 연간 주택 임대료만, 국세청 통계보다 23.5배 많은 44조5천억 원이 될 것으로 추정했다. 탈세가 만연해 있고, 월 167만 원(연 2천만 원) 이하 임대 수익은 비과세인 현실을 짚은 것이다.

현대경제연구원이 성인 805명에게 '월 소득 대비 임차료 비율' rent to income ratio, RIR은 얼마가 적정할지를 물어봤다. 돌아온 답은 14.9퍼센트였다(2015년 12월 기준). 소득이 1백만 원이면 14만9천 원이라고 말한 셈이다. 반면에 2016년 기준 한국인의 실제 RIR은 20퍼센트를 넘는다.★ 누군가에게는 돈벌이나 재산 증식의 욕망이 된 부동산이 세상을 시작하는 청년들에게는 하루하루 삶의 희망을 앗아 가는 올가미가 되고 있다.

끝이 보이지 않는 월세 살이

이삿짐이 늘까 봐 책을 사지 않는다

9년 전, 대학 가겠다는 일념으로 충남 아산에서 상경한 박 모 씨(31세)에게 집은 "불안정한 보호소"다. 그는 처음 서울대입구역 인근의 13제곱미터 옥탑방에 자리 잡았다. 보증금 1백만 원, 월세 28만 원. 여름에는 자다 깰 정도로 덥고, 겨울에는 방에서 입김이 나올 만큼 추웠다. 세탁기가 없었고 가스비를 아끼려고 2년 내내 겨울에도 찬물로 손빨래를

★ 국토교통부의 보고서 "2016년 주거실태조사"(2017/04)에 따르면, 저소득층(소득 1~4분위)의 RIR은 평균 26.7퍼센트로, 중소득층(5~8분위) 18.9퍼센트, 고소득층(9~10분위) 20.6퍼센트보다 훨씬 높은 것으로 조사됐다.

했다. 낮에는 인터넷 강의를 듣고, 저녁에는 여섯 시간씩 음식점·호프집 등에서 알바를 했다. 하지만 한 달에 손에 쥐는 돈은 많아야 60만 원이었다. 집에서 보태 주는 돈까지 합한 1백만 원으로 한 달을 버텨야 했다. 그럼에도 겨울에는 주거비가 40만 원까지 나갔다. 2년 뒤 다른 방을 알아봤지만, 지상에서 그가 살 수 있는 방은 없었다. 그래도 옥탑방보다는 지하가 낫겠다 싶어 보증금 두 배(2백만 원)에 월세가 10만 원 비싼 20제곱미터 지하방으로 내려갔다. 낮에도 빛이 안 들어오는 것은 버틸 수 있었다. 하지만 벽과 옷에까지 핀 곰팡이 탓에 중이염을 달고 살게 됐다.

2015년 5월 취업했지만 그는 여전히 월세를 살고 있다. 회사 근처에 얻은 13제곱미터 원룸은 보증금 1천만 원에 월세 50만 원이다. 그는 "서점에서 책을 사고 싶어도 이사할 때 짐이 될 것 같아 매번 마음을 접는다."고 말했다.

부모와 두 자매 '주거비만 170만 원'

대구에서 상경한 대학교 2학년 조 모 씨(23세)는 학기 수업을 들으며 매일 여덟 시간씩, 최저임금을 주는 빵집 알바를 했다. 학자금 대출을 받아 등록금을 낸다 쳐도, 당장 생활비를 마련해야 했기 때문이다. 보증금 5백만 원에 16제곱미터 원룸을 잡았다. 매달 90만 원 남짓한 월급 가운데 집주인에게 지불하는 돈이 40만 원이다. 집주인이 싫어할까 봐 연말정산 세액공제 신청은 엄두도 못 냈다. 나머지는 대부분 식비로 쓴다. 2년 전 입학 직후 봄옷을 한 벌 구입한 뒤 옷을 산 적이 없다고 했다.

그의 부모는 월세 85만 원짜리 아파트에 산다. 2015년 부산에 있는 대학에 입학한 동생도 주거비로 매달 40만 원을 쓴다. 조 씨 가족이 주거비에 쓰는 돈만 월 170만 원이 넘는다. 그는 다가올 재계약이 신경 쓰인다. 집주인이 보증금과 월세를 올려 달라고 할 것 같아서다. 알바 시간을 늘려 생활비를 더 벌기 위해 작년 1학기에 이어 올해 1학기도 휴학하기로 마음먹었다. '월세로 나간 돈을 모았다면 하고 싶은 일'을 묻는 질문에 그는 "일을 좀 줄이고, 잠을 더 자고 싶다. 일 때문에 듣고 싶은 수업을 듣지 못했다."며 "친구들과 여유 있게 차 한 잔 마시는 것이 꿈"이라고 했다.

딱 임대료만큼 발생하는 적자

윤 모 씨(32세)는 2015년 9월 젊은 층이 주로 거주하는 서울 한 지역에 카페를 차렸다. 고등학교를 졸업하자마자 전남 순천에서 서울로 올라온 지 14년째. 커피가 좋아 10년 넘게 카페에서 일하며 커피를 공부하다 직접 가게를 낸 것이다. 처음에는 유동 인구가 더 많은 지역에 가게를 내려 했지만 월세 때문에 포기했다. 현재 가게가 큰길에서 벗어나 있어 임대료는 월세에 부가가치세·관리비를 포함해 2백만 원가량이다. 월 매출이 4백만 원 남짓인데 생두 구입비 등 지출은 550만 원 정도로 매달 적자가 누적되고 있다고 했다. 꼭 월세만큼 손해를 보고 있다. 지난 다섯 달 동안 윤 씨는 단 하루도 쉬지 못했다. 알바 노동자를 고용하는 것은 엄두도 나지 않는다.

삶의 질을 바꾼 공공 임대주택, 하지만 너무 짧은 '단비'

출판사에서 5년간 일한 최 모 씨(29세)는 2015년 마지막 날 사표를 냈다. 오래전부터 진로를 고민해 오다 드디어 결행했다. 그는 그 원동력을 2014년 9월 입주한 '공공 임대주택'에서 찾았다. 날마다 그를 옭아매던 주거비 부담이 사라지니 "삶의 주체성과 자율성이 커졌다."고 말했다. 현재 그는 남편·동생과 서울 마포구에 있는 SH(서울주택도시공사) 재개발임대주택에 살고 있다.

경남 거창이 고향인 최 씨는 대학 기숙사를 나온 뒤 이곳에 들어오기 전까지 반지하 주택과 아파트에서 친구와 1년 이상씩 거주했다. 싼 맛에 내려간 반지하에서는 밖에서 들어오는 담배 냄새 때문에 창문을 열지 못했다. 여름에는 온 방에 곰팡이가 슬었다. 골목도 으슥했다. 도저히 여기서는 살 수 없겠다는 생각에, 지은 지 20년 된 아파트로 친구와 함께 옮겼지만 이번에는 월세가 문제였다. 보증금 2천만 원에 관리비를 포함해 매달 40만 원을 부담해야 했다. 당시 월급은 150만 원이어서 부담이 컸다. 그러던 차에 임대주택에 들어간 직장 동료에게서 "너도 길바닥에 월세 뿌리지 말고 임대주택을 알아봐."라는 말을 듣고 지금 사는 곳을 찾아냈다.

규모는 30제곱미터로 넓지 않지만 방 두 개가 딸린, 10년 동안 쫓겨날 일 없는 집에 살게 됐다. 관리비를 포함한 주거비가 월 16만 원으로 줄었고, 2016년 2월부터 전세로 전환해 관리비 등으로 6만 원만 내면 된다. 그는 자신의 재능을 더 잘 펼칠 수 있는 새 직장을 알아보려 하고 있다.

최 씨처럼 주거비 부담이 준 청년들은 "내 삶이 달라졌다."고 입을 모았다. 청년 문제를 해결하는 데 정부의 주거 복지 정책이 큰 효과를 발휘할 수 있음을 보여 준다.

2009년 대학에 입학하며 상경한 대학원생 김 모 씨(27세)는 학부생이던 2013년부터 2년 동안 LH(한국토지주택공사) 대학생전세임대주택에 거주했다. 전세 계약을 체결할 집주인을 물색해 오면 LH가 집주인과 전세 계약을 대신 체결하고 학생이 그 집에 사는 방식이다. 학생은 낮은 금리의 대출이자와 관리비 등만 부담하면 된다.

옥탑방과 반지하를 떠돌며 주거비로 월 40만 원 이상 써오던 김 씨에게 임대주택은 단비와 같았다. 주거비는 월 17만 원으로 확 떨어졌고, 주거 면적은 두 배로 늘었다. 그는 이때 살았던 방이 "서울에서 가장 좋았던 곳"이라고 했다. 비교적 새 건물이어서 쾌적했고 겨울에도 이전 집들과 달리 춥지 않았다. 베란다가 생겼고, 세탁기를 공용으로 쓰지 않게 됐다.

하지만 전세 계약이 끝나면서 그는 현재 보증금 2백만 원에 월세·관리비 65만 원인 원룸에 살고 있다. 대학생전세임대주택 계약을 2년마다 두 번까지 연장할 수 있지만 대학원에 진학하며 대상자에서 제외됐기 때문이다. 다시 옮겨 온 집은 모텔을 개조해 16제곱미터가 채 되지 않는다. "다시 '지옥'으로 떨어진 것"

이다. 그에게 집이란 여전히 "내가 가질 수 없는 것"이다.

이처럼 주거 지원 정책은 효과가 분명하지만, 문제는 수혜자가 매우 제한적이라는 데 있다. SH 임대주택에 사는 최 씨는 "회사 선배들도 급여 수준이 낮아 형편이 어려운 경우가 많았는데 '가구원 수 3인 이하 도시 근로자 가구당 월평균 소득 50퍼센트 이하'(당시 약 230만 원)라는 1순위 기준을 초과해 혜택을 얻지 못하는 경우가 많았다."고 했다. 대학생전세임대주택도 부모 소득 요건을 충족하기가 까다롭고, 요건을 충족한다 해도 전세난이 심해져 매물 찾기가 어려운 실정이다. 청년층을 겨냥한 '맞춤형 임대주택'이 늘고 있지만 이제 걸음마 단계다.

조물주 위의 건물주

청년들은 주거비뿐만 아니라, 생계를 꾸리기 위해 뭔가 해보려 할 때도 임대료에 발목을 잡히기 일쑤다. 직장인들의 '노후 진로 선호도' 조사에서 1위(23.1퍼센트)에 오른 직종, 언젠가부터 초·중·고등학생이 적어 낸 장래 희망, 노동 없이 이익(임대료)만 가져간다고 해서 '현대판 지주'라고도 불리는 사람들이 있다. 흔히 '조물주 위의 건물주'라 일컫는 임대업자다. 국세청에 등록된 상업용 부동산(상가·빌딩) 임대 사업자는 2014년 기준 134만456명, 이들이 신고한 상가 임대 소득은 56조2,383억 원이다. 정대영 송현경제연구소 소장은 "상가 임대 사업자들이 국세청에 소득 액수를 정확히 제출하고 있는지는 알 수 없다."고 말했다. 실제로 받은 임대료는 더 많을 수 있다는 뜻이다.

'현대판 지주'가 있다면 '현대판 소작농'도 있다. 특히 소자본으로 사업을 시작하는 청년들은 가장 위태로운 처지에 있다. 자신의 아이디어로 수익을 창출해도 '부르는 것이 값'인 임대료로 토해 내야만 한다. 그리고 건물주(임대업자)는 영세 자영업자들이나 고용된 청년들의 끊임없는 노동으로 만들어진 임대료를 '투자수익'이라는 명목으로 빨아들인다.

취업난이 심각해지면서 '청년 창업자'가 빠르게 늘고 있다. 중소기업청 통계를 보면 2015년 30대 미만 청년이 등록한 신설 법인은 4,986개였다. 2014년보다 28.3퍼센트나 급증해 전 연령대 중 가장 증가율이 높았다. 대부분 5천만 원 이하 소자본 창업을 한 것으로 추정된다.

김석민 씨(가명, 34세)는 다니던 회사를 그만두고 2015년 5월 서울 강서구에서 친구와 함께 33제곱미터 남짓한 카페를 차렸다. 보증금 1천만 원에 월 임대료 123만 원을 냈다. 아직까지 김 씨가 가져가는 한 달 순이익은 임대료에도 못 미치는 1백만 원 내외다.

6개월 정도 길게 다닌 시장조사는 말 그대로 '임대료 쇼크'를 생생하게 체험한 시간이었다. 김 씨는 "임대료를 33제곱미터에 4백만~5백만 원 부르기 일쑤이고, 대로변 사거리는 3천만 원도

넘더라."며 "새로 지은 건물을 처음 임대 시장에 내놓으면서 '바닥 권리금'으로 3천만 원을 요구하는 건물주도 만났다."고 전했다. 그는 "신축 건물은 권리금이 없는 줄 알았다. 그렇게 받아 내는 바닥 권리금도 결국 임대업자 몫으로 들어가는 것"이라며 "정부에서 청년들에게 창업하라고 말만 하지 말고, 처음부터 얼마나 숨이 막히고 무력감에 빠지는지 들어봤으면 좋겠다."고 말했다.

꼭 창업을 하지 않더라도 상가 임대료는 청년들의 노동에 직간접적인 영향을 미친다. 임대료는 장사가 안되더라도 내야 하는 자영업자의 고정비용이다. 고정비용이 상승할 때 자영업자가 곧잘 손대는 항목이 '인건비'다. 알바 노동자의 상당수가 20대인 점을 감안하면, 높은 임대료는 자영업자와 함께 청년 알바 노동자의 삶도 짓누르는 셈이다.

박슬기 씨(가명, 23세)는 열일곱 살 때부터 경기도에 있는 집에서 독립해 서울 연신내·연남동 근처에서 살았다. 음악을 하기 위해서였다. 알바와 공연을 해서 월세를 냈다. 박 씨는 "스무 살 때 홍대 근처에서 바텐더로 일하며 최저임금보다 많이 받았지만, 다른 지역 바텐더보다는 시간당 1천 원 정도 덜 받았다."면서 "당시 바 임대료가 엄청 비싸서 '그만큼 내 임금도 줄어드는구나.'라고 생각했다."고 말했다. 그는 "알바해서 돈 벌면 월세 내는 것이 우선이었다."며 "통장에 돈 몇 푼 들어왔는데 월세로 50만 원씩 나가 버려 잔액이 바닥을 보이면 너무 슬펐다."고 말했다.

이우진 씨(30세)는 임대료 때문에 무급 노동에 나선 경우다.

이 씨 부모는 서울 성북구에서 프랜차이즈 편의점을 했다. 33제곱미터 남짓한 공간의 임대료는 부가가치세를 포함해 월 165만 원. 인적이 드문 이면 도로였음을 고려하면 비싼 임대료였다. 부모는 임대료와 프랜차이즈 가맹비 부담을 이기지 못해 네 명이던 알바 노동자를 창업 1년 만에 두 명으로 줄였다. 그 빈자리는 이 씨 형제가 무급으로 메웠다. 그럼에도 이 씨 부모는 수익이 나지 않아 계약이 만료된 뒤 바로 편의점을 접었다.

임대료 상승 부추기는 층층 구조

사람이 몰리는 곳에 상권이 형성되면 임대료는 자연스레 올라간다. 이태원·홍대 등 서울의 주요 상권은 5년 전보다 업종별로 35~70퍼센트 임대료가 뛰었다.

급격하게 임대료가 오르는 이유는 복합적이다. 건물·상가·주택 임대업자 말고도 이른바 '빨대'가 많다. 서울 강북 지역에서 부동산 중개업소를 운영하는 유연우 씨(가명, 47세)는 "일부 중개사는 건물주에게 전화해서 '앞집이 임대료를 올리는데 사장님도 올려야 하지 않겠느냐.'고 한다."며 "건물주를 부추기는 중개사들도 임대료 상승의 한 축"이라고 말했다. 건물주 입장에서는 임대료 정보를 더 빨리 알려주고, 더 높은 임대료를 받아 주는 공인중개사를 선호하게 된다는 것이다. 공인중개사도 거래가 자주 이뤄지면 손에 쥐는 수수료가 늘어난다.

대형 프랜차이즈 업체도 임대료 상승을 이끈다. 서울 강북 지역에서 편의점을 운영했던 김범석 씨(가명, 58세)는 임대료로 월 170만 원을 냈다. 그의 편의점은 3층짜리 신축 건물 1층에 자리 잡았다. 김 씨는 "편의점을 하려고 알아봤을 때 이미 본사와 건물 주인이 월 임대료 170만 원에 계약을 마쳐 울며 겨자 먹기로 따라갔다."면서 "사람도 별로 다니지 않는 곳이라 주변 건물 임대료는 대부분 80만 원대였다."고 말했다.

중개업자들은 건물주의 '버티기'도 임대료가 올라가는 요인으로 꼽는다. 서울 신림동 큰길가의 한 상가 건물 1층 매장은 1년째 비어 있다. 주변 자영업자들은 "임대료만 월 4백만 원"이라고 했다. 경제적 여유가 있는 건물주들은 임대료를 높게 책정한 뒤 비워 두더라도 세입자를 기다린다. 중간에 건물을 팔아도 임대료가 건물가에 반영되기 때문이다.

월 3백

청년들은 일반적인 기준으로 먹고살고, 저축하고, 명절
때 부모님 용돈 드리고, 학자금도 갚아 가며, 연애하고
결혼하려면 필요한 돈으로 '월 3백만 원'을 말했다. 그러나
그 돈은 주말 잔업을 다 해도 못 받는 '인생의 벽'이기도 하다.

청년들은 왜 '월 3백'을 말하나

청년들이 한 달 소득으로 3백만 원이라는 금액을 도출한 계산식은 저마다 달랐지만 한 가지 공통점은 있다. '그 이하로는 연애든 저축이든 뭔가 하나 이상을 포기해야 한다.'는 것이다. 청년들이 말하는 '월 3백'은 하나의 이상향인 동시에 기준이었다. 이 기준을 저버릴 수 없는 청년들은 '눈이 높아서'가 아니라 '뭔가를 포기하지 않으려고' 시간을 늦추더라도 대기업의 문을 두드리고 있다.

취업 준비생 김수진 씨(가명, 25세)는 2015년 한 중소기업 입사를 포기했다. 입사하면 당초 원했던 해외 영업 분야에서 일할 수 있었지만, 연봉이 마음에 걸렸다. 회사는 세후 2천만 원(월 167만 원가량)을 연봉으로 제시했다. 그간 공부하는 데 든 비용을 보상받거나 앞으로 생활을 꾸리기에 불충분하다고 느꼈다. 김 씨는 고민 끝에 취업을 늦췄다.

취직 준비를 시작한 지 1년 반이 지난 현재 김 씨는 대기업과 중견 기업 위주로 원서를 넣고 있다. 김 씨는 "단순한 의식주 해결이 아닌 저축과 연애 등을 꿈꿔 보려면 매달 250만~3백만 원은 벌어야 될 것 같다."고 했다. 그는 "부모님께 손 벌리지 않고 결혼하려면 저축도 더 많이 해야 하고, 직장이 멀어 자취를 하게 되면 월세도 40만~50만 원이 나갈 텐데 월 170만 원으로는 부족하다."라고 말했다.

비정규직 강사 장 모 씨(32세)는 "너무 열악한 조건으로 일하다 보니 기준이 계속 낮아지고 있다."면서도 "결혼하고 아이를 낳으려면 월수입이 3백만 원 이하가 돼서는 어려울 것 같다."고 말했다. 그는 "집을 구할 때 부모님의 도움을 받을 수 있는 형편이 아니고, 아기가 생기면 따로 봐줄 사람도 없기 때문"이라고 했다. 직장인 김중기 씨(가명, 25세) 역시 "월급 170만 원을 벌었을 때는 통신비, 교통비, 식비, 학자금 상환 등을 제하고 나니 남는 것이 없었다."며 "수도권 기준으로 최소 240만 원은 받아야 저축, 자취, 생활비 등을 '생각이라도' 해볼 수 있을 것 같다."고 말했다.

청년들이 말하는 '월 3백'은 '내일을 꿈꾸며 안정적으로 삶을 계획해' 꾸려 갈 수 있는 기준에 가까웠다. 이는 통계로 드러난 대졸 구직자의 희망 연봉과도 어느 정도 일치한다. 대한상공회의소(2012년 기준)는 대학생 희망 연봉이 '3천5백만 원 이상(34.3퍼센트)'과 '2천5백만~3천만 원(21.8퍼센트)'이었다고 밝혔다. 월급으로 환산하면 대략 250만~3백만 원 선이다. '월 3백'과 실제 월급 사이의 간극은 체념과 포기로 채워진다. 그것이 연애든, 결혼이든, 독립이든 말이다.

나에게 월 3백이란?

"월세 내고, 학자금 갚고, 밥 먹고 차비만 써도 170만 원. 부모님 용돈, 옷이랑 생필품도 사고, 저축하고 연애·결혼하려면 월 3백만 원은 있어야죠. 왜 삼포 세대가 되는지 알겠어요."
(박 모 씨, 25세, 대학원생)

"학자금 2천만 원 갚고 결혼 자금 모으려면 월 3백만 원은 벌어야 되는데 중소기업에서는 불가능하죠. 2년째 공공 기관 취직 준비 중입니다."
(김 모 씨, 25세, 인턴)

"대기업처럼 초봉 3천만~4천만 원 받으면 차도 사고, 하고 싶은 거 할 수 있을 것 같아요. 지금 월급 120만 원으로는 어렵고, 대기업으로 옮기고 싶어요."
(길 모 씨, 24세, 직장인)

"월세, 저축, 연애, 결혼을 스스로 해결하는 '독립적인 어른'이 되려면 월 3백만 원은 넘어야 하는데, 월급을 쥐어짜면서 부모님과 살고 있어요."
(김 모 씨, 29세, 직장인)

ⓒ 경향신문

'월 3백'과 거리 먼 중소기업

이규형 씨(가명, 22세)는 중소기업 두 군데를 거쳐 최근 대기업에 취직했다. 그는 첫 번째 직장에서 주야 교대로 일하며 월 170만 원을 받았다. 통신비와 교통비, 생활비를 제하면 저축할 여력이 없었다. 이 씨는 "그나마 나는 가족과 함께 살아 월세 지출이 없었기 때문에 버틸 수 있었다."고 말했다. 그는 다시 중소기업으로 돌아갈 생각이 없다. 이 씨는 "전에는 한 달을 꽉 채워 일해야만 170만 원을 겨우 받았는데, 지금은 기본급만도 150만 원에 별도 수당이 있고 분기별로 자기 계발비도 55만 원씩 나온다."고 말했다.

중소기업은 청년들의 기대만큼 임금을 주지 못한다. 2017년 1월 한국경영자총협회(경총) 자료를 보면, 2016년 기준 대졸 신입 근로자의 중소기업 정규직 초임 평균(임금 총액 기준)이 2,490만 원(영세기업 정규직 초임은 2,031만 원)으로 같은 기간 대기업 정규직의 4,350만 원보다 40~50퍼센트가량 낮다. 게다가 대기업과 중소기업의 임금격차는 나날이 심화돼, '월 3백'의 희망을 찾는 청년들이 중소기업에 안착하기 힘든 구조다.★

★ 한국노동사회연구소의 보고서 "한국의 노동 2016"을 보면, 2015년 3월 기준으로 3백 명 이상 사업체의 정규직 노동자들은 월평균 408만 원을 받는다. 이 사업체의 비정규직 노동자는 그 절반인 206

중소 서비스 업체에서 일하는 길 모 씨(24세)는 월 140만 원가량을 번다. 그는 "대기업에 취직해 3천만~4천만 원을 받으면 차도 사고 놀러 갈 수도 있겠지만 현재로서는 결혼이라도 할 수 있을지 모르겠다."며 "기회가 온다면 대기업으로 옮길 것"이라고 말했다.

그렇지만 그의 꿈이 실현될 기회는 점점 줄어들고 있다. 중소기업에서 대기업으로, 즉 임금수준이 더 나은 직장으로 상향 이직할 가능성이 낮기 때문이다. 중소기업에서 첫 직장을 시작한 사람이 대기업으로 옮기는 비율은 대기업이 첫 직장이었을 때의 4분의 1 수준이다. '일단 눈을 낮춰 취업하라.'는 것은 말도 안 된다는 청년들의 항변이 '배부른 불만'이 아닌 셈이다. 직장인 김 모 씨(25세)는 "편의점 도시락을 살 때도 반찬 수와 가성비(가격 대비 성능)를 따지고, 게임 하나를 해도 가이드와 공략법을 찾는 세대가 요즘 청년"이라며 "임금격차가 이렇게 큰데, 오래 일해야 하는 직장을 어떻게 눈 낮춰 갈 수 있겠나."라고 말했다.

중소기업 대표들은 수익률은 줄고, 업황業況은 불가측하고, 대기업 입맛에 맞춰야 하는 생산·서비스 비용은 늘고 있는 '벼랑 끝' 상황이라며, 얇은 월급봉투를 주고 싶지 않아도 답이 없다고

만 원(50.6퍼센트)을 번다. 5명 미만 사업체의 정규직 노동자 역시 그와 비슷한 208만 원(51.1퍼센트)을 받고, 비정규직 노동자는 120만 원(29.4퍼센트)을 번다.

말한다. 그동안 정부는 정보가 부족해 청년들이 중소기업을 기피한다고 해석해, 청년을 중소기업 일자리로 유도하는 정책(예컨대 중소기업 청년취업인턴제)을 펼쳐 왔다. 하지만 대기업보다 열악한 중소기업의 임금 및 노동환경의 격차를 직시하고 이를 개선할 대책을 마련하지 않는 한 한계는 분명하다.

이제 한국은 지구상에서 임금격차가 극심한 나라 가운데 하나가 되었다. 2013년 기준 한국의 임금 불평등 수준은 경제협력개발기구OECD 회원국 가운데 네 번째로 높다. 2001년에는 여덟 번째였는데 10년 만에 순위가 네 칸 더 올랐다. 산업화 이후 꾸준히 감소하던 임금 불평등은 1990년대 중반부터 증가하기 시작했다.

'정규직의 노조'에 불과한 현실

불평등이 커질수록 작업장 내의 연대도 희미해져 간다. 1990년대는 노동자들이 한데 뭉치기 쉬웠다. 1987년 노동자 대투쟁의 영향이 이어졌다. 윤소희 씨(가명, 46세)는 1990년 고등학교를 졸업하고 이듬해 수도권의 스피커 제조 공장에 들어갔다. 고등학교 시절 사학 비리에 맞서 '운동'을 해본 친구들이 앞장서 노조를 조직했고 윤 씨도 함께했다. 새벽같이 각 라인에 선전물을 뿌렸고 점심에는 식당에 모여 조합원들과 이야기를 나눴다. 공장마다

운동장이 있어 언제든 모일 수 있었다. 노조의 힘이 강했지만 노사 관계는 나쁘지 않았다. 크리스마스 행사도 노사가 함께 준비해 진행했다. 직장 동료들끼리 사내에 만든 소모임도 활성화됐다. 잔업이 없는 수요일이면 윤 씨도 풍물패에서 북을 쳤다. 그는 1992년에 직장을 옮겨 구로공단의 부품 제조업체에 들어갔다. 이 공장에도 1995년 노조가 생겼다. 1996년 말 공장이 안산으로 이전하며 윤 씨와 일부 노동자들이 해고됐다. 윤 씨는 "그때는 형식적일지라도 인사위원회를 열고 재심까지 하고 나서 해고했다."며 "지금처럼 문자 메시지로 해고하거나 하지는 않았다."고 말했다.

2009년 서울 4년제 대학을 졸업한 이영숙 씨(30세)는 2014년부터 14개월간 네 곳의 사업체를 전전했다. 제약회사 생산 정규직이 되고 싶었는데 연거푸 파견만 다녔다. 하루에 두 번만 화장실에 갈 수 있는 것보다도 장기 계약직들이 부리는 텃세가 더 견디기 힘들었다. 쉬는 시간에 의자에 앉을 수 있는 사람들은 장기직들뿐이었다. 2015년 6월 회사는 계약 기간이 끝나기도 전에 이 씨에게 해고를 통보했다. 그는 이유라도 알고 싶어 공단 노조에 문의했다. 하지만 돌아온 답변은 "조합원들의 노조이지 파견직의 노조가 아니다."라는 말뿐이었다.

한국 노동자의 연대감은 꾸준히 약화됐다. 1989년 노동자 의식조사에서 노동자들은 동료 관계에 대해 1백 점 만점에 89점 이상을 줬다. 하지만 2007년 이뤄진 조사에서는 인간관계에 대한 긍정적 답변이 42퍼센트를 넘지 못했다. 특히 비정규직의 경우에는 29.3퍼센트로 가장 낮았다.

1990년대 신입사원과 20년 뒤의 신입사원

1988년 윤효대 씨(가명, 55세)는 행복한 고민에 빠졌었다. 당시 그는 5년간 다니던 방위산업체를 막 그만둔 27세 청년이었다. 여러 업체에 이력서를 냈고, 내는 족족 합격했다. 농업고등학교를 졸업한 뒤 1년간 공부해 따놓은 연삭 자격증 덕을 봤다. 한 업체는 월급으로 28만 원을, 또 다른 곳은 48만 원을 제시했다. 금 한 돈(3.75그램)이 5만 원(2016년 기준 19만6천 원선) 하던 때였다. 윤 씨는 월 28만 원을 준다는 업체를 선택했다. 외국 연수 기회를 준다는 데 마음이 끌렸다. 윤 씨는 대기업 하청업체의 지방 공장에서 3교대로 근무했다. 한 해 상여금이 6백 퍼센트였다. 입사와 함께 사원 아파트에 들어가 주거 문제를 해결했다. 1990년에는 102제곱미터 아파트를 4천6백만 원에 분양받았다. 1997년 무렵 월급은 1백만 원 남짓, 연봉은 2천만 원 가까이 됐다. 1990년대의 임금 상황에 대해 윤 씨는 "사무직이 1백이면 생산직은 70~80 정도를 받았다."며 "연장 근무 하고 야간 근무 하면 거의 같거나 많을 때도 있었다."고 말했다.

윤 씨는 30년 가까이 한 직장에서 일하고 있다. 회사가 제공하는 자녀들의 학비 지원까지 합하면 한 해에 1억 원 가까운 연봉을 받는다. 최근 윤 씨는 사무직으로 자리를 옮겨 현장 관리를 맡고 있다. 현장 직원의 33퍼센트 정도는 파견 노동자다. 최저임금을 받는 파견 노동자는 정규직 월급의 절반가량을 받는다. 간혹 일부 파견 노동자가 정규직으로 전환되지만 흔한 일은 아니다. 윤 씨는 "3년에서 5년 정도 눈에 띄게 열심히 일하고 진짜 운이 좋아야 정규직이 될 수 있다."며 "내가 지금 청년이었다면 정규직으로 이끌어 줄 만한 '백'이 없어 비정규직을 할 수밖에 없었을 것 같다."고 말했다.

이상길 씨(가명, 33세)는 2013년 초 한 대기업의 지방 공장에 실습생으로 들어갔다. 갓 서른이 된 그는 직업학교에서 딴 도장 자격증이 있었다. 정규직과 동일한 업무를 3교대로 했다. 회사는 실습 기간의 근태를 평가해 정규직 채용에 반영하겠다고 말했다. 실습이 진행된 7개월간 이 씨는 회사 기숙사에서 지내며 월 110만 원을 받았다. 하지만 그와 함께 실습을 받은 2백여 명 가운데 정규직으로 채용된 사람은 한 명도 없었다.

이듬해 이 씨는 창원으로 내려갔다. 비정규직 일자리는 구할 수 있으리라고 생각했다. 그가 일을 잡은 곳은 대기업의 1차 협력 업체였지만, 이 씨의 소속은 인력 파견 업체였다. 일단 6천만 원을 대출받아 집을 구했다. 하지만 일할 수 있는 계약 기간이 예상외로 너무 짧았다. 처음에는 3개월 단위로 두 차례 계약했고, 그 뒤로는 1개월 단위로 세 차례 계약했다. 주야간 2교대로 한 달을 꼬박 일해 최저임금인 187만 원을 벌었다. 대출 이자와 원금을 갚는 데만 1백만 원 넘게 들었다. 잔업이 있다면 무조건 해서 추가 수당을 챙겼다. 9개월의 단기 근무가 끝난 뒤에는 한 달을 쉬고 다시 같은 공장에 단기직으로 파견 나갔다. 계약 기간이 짧다 보니 장기 비정규직들이 받는 1천 퍼센트 상여를 다 챙겨 받을 수는 없었다. 그나마 이 씨의 두 번째 단기 근무는 2015년 말 종료됐다.

175센티미터인 당신은 1,227미터짜리 거인을 볼 수 없다

0.01cm 17.7cm 61.6cm

한국에서 돈 버는 모든 사람들이 한 시간 동안 행진하는 모습을 그렸다. 그림 속 사람들의 키는 각자의 소득이고, 평균 소득자의 키를 175센티미터로 간주했다. 행진이 시작되면 1년에 2,313원을 버는 사람이 처음으로 나타난다. 키는 0.01센티미터에 불과해 보이지도 않는다. 그 뒤를 1.7센티미터, 4.6센티미터, 6.9센티미터인 사람들이 따른다. 행진이 시작한 지 30분이 지나도 행진자의 키는 113.8센티미터에 불과하다. 40분이 지난 뒤에야 평균키의 사람들이 나온다. 행렬이 끝나기 6분 전에는 3.87~6.34미터에 달하는 사람들이 등장한다.

이들은 소득 상위 10퍼센트로 의사·변호사·금융인 등이다. 행렬이 끝나기 10초 전에는 대기업 최고위 간부나 유명 연예인 등 키가 20미터에 육박하는 거인들이 등장한다. 마지막에 등장하는 거인의 키는 1,227미터다. 여의도 63빌딩 높이(250미터)의 다섯 배다. 당신은 이 거인의 구두 굽을 겨우 볼 수 있을 뿐이다.

★ 네덜란드 경제학자 얀 펜(Jan Pen)이 『소득분포』(1971)에서 시도한 '소득 행렬'을 한국에 적용했다. 행렬의 토대가 된 자료는 국세청, "통합소득 100분위(과세 미달자 포함)"(2014)이다.

평균소득 격차를 키로 나타낸다면?

110.7cm 175cm 191.5cm 3.7m 1227m

ㅇㅈ

자신의 의견을 말하고 상대방에게 동의를 구할 때 붙이는 관용구로 쓰인다. 청년들에게 '인정'이란 '있는 그대로의 청년'에 대한 수긍을 의미한다. 역설적으로 한국 사회에서 존재감이 미약한 청년의 위치를 드러내기도 한다.

대한민국은 미개하다

청년들이 대화나 문자로 한국 사회를 비판할 때 자주 쓰는 단어가 있다. '미개'다. 2014년 정몽준 전 의원의 막내아들이 세월호 참사 당시 유가족을 가리켜 "미개하다."고 언급한 것이 '시초'가 됐다. 통상 '미개하다'는 제국주의자들이 피식민지를 낮추어 묘사하는 데 자주 쓰이는 표현이다.

민주주의·인권·개인·합리성에 대한 교육을 받은 오늘날의 청년 세대는 한국 사회의 불합리와 불공정, 전근대적 문화와 마주했을 때 '미개하다.'는 말을 던진다. "역시 한국은 미개해."라는 말에서 끝난다면 변화를 이끌 힘을 찾을 수 없다. 그러나 무엇이 어떻게 미개하며, 어떻게 바꿀 것인지를 논하다 보면, '미개'에 대한 감정은 자조에서 끝나지 않고, 다른 사회에 대한 욕구로 바뀔 수 있다. 그렇다면, 청년들은 어떨 때 미개하다는 말을 떠올릴까? 청년들은 미개함을 느끼는 대상으로 정치, 군대를 꼽았다. 사회적으로 취약한 지위에 있는 여성에 대한 혐오도 미개의 한 축이다.

한국 사회는 학교를 가나, 취직을 하나 군대 문화가 지배한다. 상사는 신이고, 손님은 왕이다. 위아래를 따지기 애매할 때는 나이를 '깐다'. 직업에는 귀천이 있고, 갑질은 일상이다. 지하철에는 질서가 없고, 정부는 시스템이 없다. 이 톱니바퀴에 낀 채로 여성은 남성의 혐오를 응시한다. 물리적 폭력의 공포를 느끼는 것은 일상이다.

> 남자들은 특히 부당하다고 말을 잘 안 하는 경향이 있다. 군대에 가면 부당한 것들이 많지만, 계급에 따라 말도 꺼내지 못하게 된다.

직장인 최민철 씨(가명, 29세)가 이야기한 것처럼, 상당수의 남성 답변자들은 한국 사회의 미개함을 군대 문화와 연결해 풀이했다. 군대는 엄격한 상명하복이 지배하는 공간이다. 지시와 벌은 일상적으로 내려오지만 그것에 대한 설명은 없다. 왜 혼나야 하는지 이유를 물어보면 더 큰 불이익을 받기 십상이다.

군대와 무관해 보이는 집단에서도 군대 문화는 확대 재생산된다. 지난 2년간 군대에서 복무한 대학생 박준기 씨(가명, 25세)는 낯설게만 생각하던 군대에서 학교의 모습을 봤다. 학교에 조회와 종례가 있다면, 군대에는 아침저녁으로 점호가 있었다. 교실과 생활관에는 똑같이 태극기가 있었고, 국기에 대한 경례도 비슷했다. 수학여행 갈 때면 줄을 맞추듯, 군대에서는 오와 열을 맞췄다. 문제가 생기면 공개적인 장소에서 더 높은 사람에게 모욕을 받는 것은 다를 바 없었다.

의사 김우성 씨(가명, 31세)는 대학교 1학년 때 파마를 했다가 운동장을 한 시간 동안 뛰어야 했다. 김 씨처럼 용모가 단정치 않거나 인사성이 좋지 않다고 '찍힌' 후배는 선배에게 수시로 얼차

려를 받았다. 의대 6년을 마치고 인턴을 할 때는 레지던트들에게 수시로 욕을 먹었다. 김 씨는 "선후배 간에 수직적 관계가 되면 내 손에서 해결 안 되는 환자가 발생했을 때 두려워서 선배한테 연락을 못 하는 경우가 생긴다."며 "우리가 당했으니 하지 말자는 말을 십 몇 년째 하고 있는데 (악습이) 계속된다."고 말했다.

> 심하게 말하면 중년 남성 꼰대 같은 분들이 인간관계를 장유유서라고 한다. 어디를 가나 내가 막내인 경우가 많은데 그분들이 특히 불편하다.

시민 단체에서 활동하는 이계연 씨(가명, 21세)의 말처럼, 여성들도 일상에서 군대를 간접 체험한다. 나이가 군대 계급장을 대체한다. 이 씨는 상사들과 식당에 가면 기계적으로 수저를 놓고, 물을 따른다. 반말을 듣는 일도 다반사다.

같은 위계의 덫에 놓이더라도 여성은 남성보다 취약하다. 취업문 앞에 남녀가 나란히 서도, 여성은 능력을 쌓는 것만으로 충분치 않다고 느낀다. 외모는 하나의 평가 기준이 된다. 취업문이 좁아질수록 여성에 대한 혐오와 차별의 언어도 증가한다. 계약직 직장인 강소연 씨(가명, 31세)는 2015년 공공 기관 취업을 준비했다. 면접 중 강 씨는 "결혼 생각 있느냐? 임신은 언제 할 거냐?"라는 질문을 받았다. 강 씨는 "북유럽은 정해진 시간만 일해서 남녀가 함께 육아를 하고, 일본은 여성이 전업주부인 경우가 많다."며 "한국에서는 맞벌이도 하고 육아도 해야 하니까, 이게 미개하다."고 말했다.

취업의 문턱 말고도, 여성들은 일상적으로 '미개'를 느낀다. 정은혜 씨(가명, 23세)는 지방의 과학고를 다녔다. 2학년이 되던 해, 남자 동급생 두 명이 여자 화장실에서 몰래 사진을 찍다가 적발됐다. 최소 여섯 명의 여학생이 피해자가 된 것으로 드러났다. 하지만 학교는 징계위원회도 열지 않고 문제를 수습했다. 정 씨의 말에 따르면, "과학고 위신에 손상이 온다는 이유로 없던 일이 됐고, 남학생 두 명은 무사히 대학에 진학했다."

불평등에 지친 청년에게 필요한 '인정'

"ㅇㅈ? ㅇㅈ!" 청년들이 많이 활동하는 인터넷 커뮤니티에서는 '인정'을 의미하는 'ㅇㅈ'이라는 단어가 흔히 보인다. 자신의 의견을 말하고 상대방에게 동의를 구할 때 붙이는 관용구다. 'ㅇㅈ?'이라는 말을 남발하는 사람에게는 '인정충'이라는 비아냥거림이 날아든다. 왜 청년들은 남의 '인정'을 구하는 것인까?

'인정'은 '세대'라는 큰 줄기와 엮여 있다. 자기 '밥그릇' 챙기기에 혈안이 된 '윗세대'는 '신분'의 '대물림'과도 연결된다. 윗세대는 청년들에게 노력하라고 말하지만, 청년에게 정작 계층의 '수직 이동'은 쉽지 않다. 벽에 부딪힌 청년들은 윗세대에 대한

'불신'만 키운다.

청년들은 그 지점에서 '인정'을 찾는다. 청년들에게 인정이란 '있는 그대로의 청년'에 대한 수긍을 의미한다. 산업화 세대나 민주화 세대의 인정 욕구는 사회적으로 보상되었지만, 현재 청년들은 그렇지 못하다. '나이', '능력', '성실성'을 충족해야만 말할 자격이 있다는 논리로 청년들의 입은 다시 막힌다. 송현철 씨(가명, 28세)는 "'한국에서는 말을 하려면 어떤 자격을 갖춰야 되는가?'라는 생각을 한다."고 말했다. "옷이 되게 특이하니 공식적인 자리에는 정장을 입고 와달라."거나 어떤 의견을 제시하면 "군대는 갔다 왔느냐? 세금은 내봤느냐?"고 되묻는 사람들이 있다는 것이다. 그는 "어떤 이가 군대도 갔다 와보고, 세금도 내봤을 만큼 충분히 성숙했는지를 따진 다음에야 그가 하는 말을 인정해 주는 것 같다."고 했다.

'내가 틀릴 수 있다.'는 인정은 대화를 가능케 하는 첫 단추다. 박성현 씨(가명, 30세)는 "미개한 당사자들이 '나는 미개하다.'는 것을 인정해야 한다."고 말한다. 김우성 씨(가명, 31세)도 "상대방의 의견을 인정해야 한다."며 "자기 말이 무조건 맞는다고 생각한다면 아무것도 바뀌지 않을 것"이라고 했다.

'우리'나 '집단'이라는 개념으로 묶인 청년들은 이제 그 틀에서 벗어나고자 한다. 개인에 대한 인정은 진정한 공동체 회복으로 이어진다고도 볼 수 있다. 이희준 씨(가명, 31세)는 퀴퀴한 곳에 학생들을 집어넣고 기합을 주다가 마지막에 "사랑으로" 같은 노래를 부르며 단합을 도모하는 초·중·고등학교 때 수련회 모습이야말로 집단주의가 드러난 사례라고 본다. 이 씨는 "제발 '우리'라는 말을 그만하고 '개인'이라는 말을 했으면 좋겠다."며 "개인을 인정하고 배려하지 못할 것이라면 그냥 관심을 꺼달라."고 했다.

'인정'이라는 단어는 역설적으로 한국 사회에서 존재감이 미약한 청년의 위치를 드러내기도 한다. 특히 경제적으로 그렇다. 이윤정 씨(가명, 31세)는 "커피숍 알바생이나 식당 종업원에게 일부러 하대하며 자신이 '갑'인 것처럼 행동하는 사람들은 본인이 직장이나 일상에서 대우를 받지 못해 다른 데서 인정을 찾으려 한다."고 말했다.

사실 청년들이 말하는 '인정'은 직업에 대한 차별이나 소득에 따른 불평등을 해소해 달라는 말이기도 하다. 정유석 씨(가명, 27세)는 "지금은 노력과 결과가 완전히 비례하지 않는다."며 "노력한 만큼 대가를 받을 수 있는 사회"를 바란다고 했다. '노오력'하라면서 노력한 결과를 인정하지 않는 기성세대의 '꼰대짓'과도 연결된다. 인정 욕구는 끊임없이 내 편이 있음을 확인해야 하는 시대에 청년들이 갖는 불안감의 표현이다.

변화의 전제 조건인 교육

더 나은 사회로 나아가려면 어떤 변화가 필요할까? 청년들의 말에서 가장 많이 등장한 키워드는 바로 '교육'이었다. 대학생 황유진 씨(가명, 22세)는 이렇게 말했다.

> 살면서 위기가 닥쳐도 튼튼한 자기 생각과 철학이 있는 사람은 흔들리지 않거든요. 점수만 나오면 그만인 것이 아니라 스스로 생각하는 힘을 기를 수 있는 교육이 있으면 좋겠어요.

이계연 씨는 "학교에서 선거의 4대 요소를 외우라고 하지만 시민으로서 필요한 교육은 없다."며 "공교육 수업의 폭을 (시민교육으로) 넓혀 가는 것이 가장 근본적인 방안이라고 생각한다."고 말했다. 그는 교사가 아닌 학생들 서로를 향한 책상을 꿈꾼다. "학생들이 서로 대화와 토론을 많이 하는 것" 외에 다른 해결책은 없다고 이 씨는 말했다. 이슬기 씨(가명, 25세)는 "어렸을 때부터 계속 '왜'라는 질문을 던지면서 불합리한 것들을 인지할 수 있게 하는 교육이 필요하다."고 했다.

보수 성향 청년들도 교육의 중요성을 강조하기는 마찬가지였다. 현명한 철학자가 정부를 통치하는 철인정치가 이상적이라고 생각한다는 보수 청년 김진건 씨(가명, 26세)도 "한국은 시험을 위한 공교육이기 때문에 교양을 쌓는 데 인색하다."며 "교양을 위한 순수 학문 교육도 강화돼야 한다."고 말했다. 보수 성향의 강소연 씨(가명, 31세)는 "아무리 교육을 받아도 미개한 현상이 일어나는 것을 보면 인간다운 인간을 기를 수 있는 쪽으로 교육을 바꿔야 하지 않을까 싶다."고 했다.

청년들은 제대로 된 교육이 이뤄지려면 '시간'이 필요하다고 봤다. 뭔가를 생각하려면 '남는 시간'이 있어야 한다는 것이다. 강소연 씨는 "학생 때는 공부 기계, 대학생 때는 취업 기계, 일할 때는 돈 버는 기계로 살다 보니 여유가 없어 비인간적으로 되어 가는 것 같다."며 "찬찬히 생각할 시간이 필요하다."고 했다.

이광표 씨(가명, 32세)는 "하루에 열두 시간 일하고 집에 들어와 예능 프로그램 잠깐 보다 잠드는 상황에서 삶의 여유가 어디에 있고 어떻게 생각을 하겠느냐. 생각의 영역 자체가 좁아지는 것은 당연"하다며 "여유와 시간이 확보되는 것이 이상적인 사회에 필요한 핵심 요소"라고 말했다.

청년들이 원하는 '변화'는 제도적인 영역만을 뜻하지 않는다. '변화'에서 '제도'로 이어지는 의미망의 가운데에는 '인식'이라는 키워드가 자리 잡고 있다. 인식의 변화 없이는 제도의 변화로 갈 수 없다는 것이다. 이슬기 씨는 "법과 제도가 변해도 인식 전환이 되지 않으면 근본적으로는 변화가 없는 것이나 똑같다."고 했다. "나이가 벼슬인 줄 알고 '고나리질'('관리 질'을 변형한 말로 이것저것 간섭하거나 가르치려 드는 행위를 낮춰 이르는 말) 하는 어른들을 딱히 법으로 처벌할 수는 없지 않느냐."는 것이 그의 말이다.

이상적 사회상으로서 복지국가

청년들은 교육과 더불어 '복지'도 큰 축으로 여겼다. 또한 그 복지를 '정부'가 담당해야 한다고 인식했다. 이는 경쟁에서 뒤처지더라도 다시 일어설 수 있는 사회 안전망으로서의 국가 복지다. 이계연 씨는 "롤러코스터처럼 한 번 내려가도 다시 올라갈 수 있는 사회를 꿈꾼다."며 "아무리 상처를 입고 안 좋은 일이 있어도 패배 의식을 많이 느끼지 않고 다시 출발할 수 있어야 좋은 사회"라고 말했다. 송현철 씨는 "내가 바라는 것은 이 사회에 사는 사람이라면 누구나 생존이 보장되는 사회"라고 했다. 그는 "생존이 위협받는 것을 막아 주는 것이 사회와 정부가 해야 하는 최소한의 역할이 아닌가 싶다."고 말했다. 이희준 씨는 "직장을 다니더라도 사회적 안전판이 없으니까 매사가 걱정스럽다."며 "옛말에 먹고살 만해야 예절을 안다고 했는데, 먹고살기 힘든 지금 미개를 말하는 것이 어찌 보면 당연하다."고 했다.

노르웨이·핀란드·스웨덴 등 북유럽 나라들은 복지 체계가 잘 마련돼 이상적인 사회상을 구현한 나라로 꼽혔다. 이 나라들에서는 한국과 달리 인간으로서 합당한 '처우'를 받을 것이라고 청년들은 말했다. 박준기 씨는 "나와 동년배인 친구들이 북유럽 복지국가에서 어떤 처우와 사회복지 서비스를 받고 사는지 궁금하다."며 "이를 상상하다 보면 한국을 떠나고 싶다는 생각이 든다."고 했다. 덴마크·캐나다·미국·독일을 꼽은 청년들도 있었다. 캐나다를 자신이 생각하는 이상적인 나라라고 말한 최미나 씨(가명, 29세)는 "캐나다에서 내각 장관들을 여성과 남성에게 절반씩 할당했는데 왜 그랬냐고 물어보니까 쥐스탱 트뤼도Justin Trudeau 총리가 '지금은 2015년이니까요!'라고 말하는 것을 보고 너무 좋았다."며 "다양성을 인정하고 차별하지 않는 곳이라는 느낌"이라고 했다.

이상적인 사회에서는 문제가 발생했을 때 어떤 방식으로 해결할까? 청년들은 '상식'을 기반으로 '대화'하며 풀 것이라고 상상했다. 직장인 김유리 씨(가명, 32세)는 "사회적인 자정작용"을 언급했다. 김 씨는 "합리적인 근거를 가지고 문제를 지적하면, 사람들이 그 문제점을 받아들이고 해결하는 사회적인 자정작용이 작동할 것"이라고 했다. 이계연 씨도 세월호 참사 희생자를 오뎅에 빗댄 일간베스트저장소 게시 글을 예로 들며 "잘못된 발언을 하고 좋지 않은 행태를 보이는 사람에 대해 심판해야 한다는 사람의 비중이 더 높을 것이고, 그 과정에서 집단 지성이 실현될 것"이라고 했다.

다시, 청년

청년들의 사연은 그들의 얼굴만큼이나 다양했다.
청년은 취업이 안 돼서, 집값이 비싸서, 임금이 낮아서,
직장 생활이 어려워서, 가난을 대물림해서 고통을 받았다.
유일한 공통점은 인터뷰를 마친 뒤의 표정이다. 청년들은
한결 후련해진 얼굴로 작별 인사를 나눴다.

나의 마음은 지지 않았다

10년간의 재판에서 한 번도 이기지 못했다. 죄 지은 자는 마땅히 사죄해야 한다는 상식을 세상은 인정하지 않았다. 일본군 위안부 피해 생존자 송신도 할머니는 포기하고 주저앉을 수도 있는 그 순간에 이렇게 말한다. "나의 마음만은 지지 않았어요."

청년들도 이렇게 말할 수 있을까? 2017년 4월 청년층(15~29세) 실업률은 11.2퍼센트를 기록했다. 2015년에 사상 처음으로 감소한 20·30대의 소득과 지출은 그 뒤로도 나아지지 않았다. 청년들에게 희망을 안기는 소식은 들리지 않는다. 그럼에도, 먹고살기 위해 하루하루 분투하는 가운데 생활 속에서 무엇을 할 수 있을지 '희망의 싹'을 찾아보는 청년들이 있다.

정영무 씨(27세)는 2015년 충남의 한 4년제 대학을 졸업하고 중소기업에 입사했다. 입사한 뒤 3개월간 정신없이 일만 했다. 하루 평균 열두 시간을 일하고 월 2백만 원을 받았다. 정 씨는 "사는 데 바빠 청년 문제에 관심을 갖거나 주변을 둘러볼 시간이 없다."고 말했다. 대안은 마땅치 않지만 정 씨는 우선 할 수 있는 일을 해볼 참이다. 친구들과 서로의 고민을 나누는 것이 작은 해방구가 될 수 있다. 정 씨는 "함께 이야기하면 여러 가지 생각이 나온다. 그 안에서 내가 떠올리지 못했던 작은 희망이나 행복을 발견하고는 한다."고 말했다.

당장의 변화는 어렵지만, 자신이 부당하게 느꼈던 기성세대의 태도를 답습하지 않겠다고 다짐하는 이들도 있다. 경북에서 고등학교를 졸업한 뒤 줄곧 유통업계에서 일해 온 이명성 씨(31세)는 나이가 어리다는 이유로 거래처에서 일상적인 하대를 당했다. 이 씨는 "어린 사람을 만나도 함부로 하지 말아야겠다."며 "내 아들이 더 나은 환경에서 자라려면 나부터 바뀌어야 한다."고 말했다.

더 큰 '행복'을 위해 한데 모이는 청년들도 있다. 대기업 취직, 공무원 시험처럼 정해진 길을 벗어난 청년들은 전국 각지에서 힘을 모으고 있다. 이태호 씨(28세)는 2011년까지 공무원 시험 준비를 하다 방향을 틀었다. 벽화를 그리는 봉사 활동을 하면서 봉사자뿐만 아니라 마을 전체가 행복해하는 모습을 봤다. 그 뒤로 새로운 도시를 만들겠다는 꿈을 품고 문화 기획 활동에 뛰어들었다. 이 씨는 현재 대전에서 '청년고리' 대표를 맡고 있다. 청년고리는 청년들이 사회적 기업, 협동조합 등을 만들 수 있도록 돕는 단체다. 이 씨는 "청년들이 원자화된 상태에서는 톡톡 튀는 아이디어와 열정을 가진 청년만의 장점을 살리지 못한다."며 "옆 사람의 이야기를 듣는 것이 기본 전제가 돼야 한다. 청년이 말을 해야 하고, 시도하고 인정받을 수 있어야 한다고 생각해 자유롭게 활동할 공간을 만든 것"이라고 전했다.

충북 제천의 청년 단체 '바싹'(바른 청년 정책을 싹 틔우는)은 지역 일자리 문제, 소규모 결혼 사업, 청년 실태 조사 등을 다룬다. 바싹의 대표 정보경 씨(30세)는 "주거·결혼·일자리·교육·문화를 포괄하는 청년 문제는 사회적인 차원에서 풀어야 한다. 왜 우리

같이 평범한 청년들이 청년 문제를 풀어야 하는지 고민이 들기도 했다."면서 "우리의 활동이 큰 대안이 되리라고 생각하지 않지만, 모이고 힘을 합치면 청년들의 목소리를 낼 수 있다고 믿는다."고 했다.

강원도 강릉에서 나고 자란 김수민 씨(20세)는 청소년 문화 단체인 '세 손가락'의 운영진 가운데 한 명이다. 김 씨는 청소년 시절, 영상을 만들어 본 뒤 다양한 경험의 중요성을 느꼈다. 김 씨는 청소년이 공부 말고도 다른 길이 있다는 사실을 깨달아야 스무 살 이후에도 더 나은 삶을 살 수 있다고 생각한다. 그는 "청소년들도 다들 불안해하며 사는데, 서로 생각을 나누면서 편안함을 느낄 수 있는 곳을 하나라도 만드는 것이 이 모임의 역할 같다."며 다음과 같이 말했다.

> 누군가와 마음을 나누지 않으면 너무 빨리 지치고 쉽게 져버리게 돼요. '지더라도 다 같이 있으면 패배의 상처를 덜 입지 않을까?' 저는 그렇게 생각합니다. 그래서 '나의 마음'이 아닌 '우리의 마음'은 지지 않는다고.

우리의 마음은 지지 않았다

청년들은 무한 경쟁을 강요하는 사회에 구속된 것처럼 보일지

몰라도 '다른 사회'에 대한 열망까지 포기하지는 않았다. 청년들에게서 '뭔가 바꿔 보고 싶다.'는 주체성과 능동성이 감돌 때는 "아프니까 청춘"이라며 위로받거나, "억울하면 나서서 싸워라."라는 조언을 받을 때가 아니었다. 또래와 모여 앉아 "맞아, 맞아. 나도 그래."라며 공감할 때였다.

청년은 한 사회의 미래다. 지금까지 살펴봤듯이 그 미래가 지금 부들부들 떨고 있다. 청년들이 화나고 답답할 때 쓰는 '부들부들'은 수동적인 반응만을 담은 표현이 아니다. 자신을 옥죄는 구조를 마주했을 때의 분노가 담겨 있다. 해법은 분노하고 고통 받는 자의 입에서 나올 것이다. 사회의 모서리에 서있는 청년들의 이야기는 '실패담'이 아니라 병든 한국을 치유할 '문진'問診이다.

일본 : 우리의 미래를 마음대로 결정하지 말라
타이완 : 청년, 귀신 섬을 흔들다
스페인·독일 : 우리가 외치면 공약이 된다

한국의 현실을 한발 떨어져 '낯설게 보기'로 했다. '헬'과 대비되는 '헤븐'을 찾기 위해서가 아니다. 다양한 '지도와 나침반'을 모색하기 위해서였다. 일본·타이완 청년들의 이야기 속에는 한국의 과거와 현재가 뒤섞여 있었다. 일본에서는 1960년대 전국학생공동투쟁회의(전공투) 운동 이후 사라졌던 정치적 목소리가 새로운 형태로 꿈틀거렸고, 타이완에서는 청년들의 힘으로 원내 제3 정당을 만들어 냈다. 스페인 '포데모스'와 독일의 정당들을 통해서는 청년이 정당 운영과 정책 공약 입안자로 활동하는 모습을 살펴본다.

일본

우리의 미래를 마음대로 결정하지 말라

일본 청년들이 꿈틀대고 있다. 도쿄에서 최저임금을 인상하라는 시위를 벌이는가 하면, 안보법에 반대하는 대규모 시위를 고등학생을 비롯한 청년들이 주도하기도 했다. 일본 청년들 또한 한국 청년과 유사한 고통을 겪고 있다고 알려져 있다. 정치를 혐오하던 일본 청년들은 왜 집단행동에 나섰을까?

꿈틀거리는 일본 청년들

도쿄에서 만난 마사키 준(21세)은 스마트폰으로 자신의 트위터를 보여 주었다. 2011년 3월 12일로 되어 있던 가입일은 동일본 대지진이 발생한 다음 날이었다. 당시 고등학생이던 그는 지진 정보를 얻기 위해 트위터를 시작했다. 마사키는 "동일본 대지진 전에는 고등학생이라 사회에 대한 생각이 전혀 없었는데 지진에 대한 정보를 얻으려고 트위터를 하면서 사회에 관심을 갖게 됐다."고 말했다. '시위에 나가는 사람들은 나와 다르다.'고 생각할 만큼 시위와 무관한 청년이었던 그는, 2013년 2월 재특회(재일 특권을 용납하지 않는 시민 모임)라는 단체가 헤이트 스피치(특정 집단에 대한 공개적 차별·혐오 발언)를 하는 것을 보고 화가 나 거리로 나섰다고 했다. 처음에는 재특회를 향해 "가라. 가라."와 같은 구호를 외치는 것조차 부담스러웠다던 그는 잠꼬대로도 구호를 내뱉을 만큼 열성적으로 활동했다. 같은 해 일본 정부가 〈특정비밀보호법〉★을 강행 처리하자, 마사키는 일본 청년 단체 '실즈'의

★ 외교·국방·테러 등 주요 정보를 특정 비밀로 지정해, 이를 누설한 공무원 및 누설을 교사한 이를 엄벌에 처하는 내용의 법안이다. 비밀의 지정 범위가 광범위해 정부가 불리한 정보를 숨길 수 있고, 특정 비밀로 지정된 정보가 무엇인지조차 밝히지 않아 알 권리 및 표현의 자유를 침해한다는 비판을 받았다. 2013년 12월 공포되었고, 2015년 12월 1일 시행되었다.

전신인 '사스플'에 몸담았다.★

일본 청년들이 꿈틀대고 있다. 1960년대 전공투 폭력 시위 이후로 일본에는 시위의 싹이 없었다. 버블 경제가 붕괴한 1990년 이후 일본 청년들은 여러 이름으로 불렸다. 프리터, 니트, 넷카페 난민, 비정규직 등 청년의 고된 노동환경은 부각됐지만 청년이 주체인 적은 지금까지 없었다. 일본 청년들은 한때 '스스로 뭔가 잘못을 저질렀기에 일이 이렇게 됐다.'는 자기 책임론을 믿었다. 하지만 2011년에 발생한 대지진과 후쿠시마 원전 사고는 그들이 달라지는 계기가 됐다.

실즈의 선언문 첫 문장은 "우리는 자유와 민주주의에 기반을 둔 정치를 요구합니다."이다. "민주주의라는 게 뭔데?", "헌법을 지켜라!", "평화를 지켜라!" 이들이 길거리에서 외치는 구호에는 일본 사회가 그간 간과해 온 가치들이 함축돼 있다. 한 일본 청년은 "한국에서는 민주주의라는 단어를 자주 쓰지만 일본에서는 그렇지 않다. 실즈가 민주주의라는 단어를 가지고 나온 것은 무척 생소한 일"이라 말했다.

★ 2015년 5월 3일, 사스플Students Against Secret Protection Law, SASPL(특정비밀보호법에 반대하는 학생들)을 계승한 실즈Students Emergency Action for Liberal Democracy-s, SEALDs(자유와 민주주의를 위한 학생긴급행동)가 발족했다. 이들은 사회관계망서비스SNS를 활용해 여러 지역에 걸쳐 다양한 학생·시민 단체들과 연대하며 활동했고, 2016년 8월 15일 해산했다.

최저임금이나 노동문제와 같이 구체적인 사안에 천착한 청년 단체도 잇따라 설립되고 있다. 2015년 7월에 만들어진 에키타스AEQUITAS가 대표적이다. 에키타스는 도쿄 최저임금인 907엔(약 1만 원)을 1천5백 엔(약 1만6천 원)까지 인상하라는 시위를 벌이고 있다. 이들도 동일본 대지진과 후쿠시마 원전 사고 이후 사회참여를 시작했다. 에키타스에 몸담은 하라다 니키(26세)는 원전 사고에 충격을 받았다며 "도쿄에도 방사능이 날아왔다고 하니 공포도 느꼈고, 내가 뭔가를 해야겠다고 생각한 것은 그때가 처음이었다."고 했다. 대지진 당시 중학교 2학년생이던 고바야시 순이치로(19세)는 "열네 살짜리 눈에도 정말 이상한 일이 벌어지고 있다고 느꼈다."며 "일상생활과 정치가 밀접하게 연결된 최저임금에 주목해 이 단체를 만들게 됐다."고 했다.

일본의 고등학생들도 단체를 설립하고 있다. 실즈의 고등학생판인 틴즈소울T-ns Sowl도 있고, 2015년 8월에는 고등학생유니온도 만들어졌다. 수도권청년유니온을 이끄는 진부 아카이(33세)는 "동일본 대지진 이후 정치와 사회에 관심이 생겨 반원전 시위나 안보 법안 반대 시위에 참여하는 청년들이 자기 생활에 밀접한 부분에도 눈을 돌리게 됐다."며 "시위에 참여했던 청년들이 이후에 사회로 나가 일본 사회의 모순점들과 직접 부딪히게 되면서 적어도 노동문제부터 해결하고 싶다고 생각하게 된 것 같다."고 밝혔다.

일본 청년들의 시위 모습도 남다르다. 에키타스의 고바야시가 보여 준, 2015년 12월 도쿄 신주쿠 역 길거리의 시위 동영상은 마치 힙합 오디션 프로그램인 〈Show Me the Money〉(쇼 미 더 머니)를 보는 듯했다. "세금 쓰고 빈곤 없애라!", "최저임금 1천5백 엔으로 올려라!"를 랩으로 하는가 하면, 시위대 앞쪽에서는 트럭에 올라탄 디제이가 음악을 틀고, 그 옆에는 머리를 괴상하게 부풀리고 풍선으로 만든 쇠사슬 목걸이를 걸친 고바야시가 랩을 했다. 트럭 양옆에는 금색 풍선이 주렁주렁 매달려 있었다. 반세기 전 일본의 시위 문화는 물론, 현재 한국에서 접하는 풍경과도 차이가 났다. 조끼를 입은 사람들이 머리에 띠를 두르고 깃발을 나부끼며 주먹을 치켜드는 모습은 없었다. "빈곤이라고 하면 돈이 없고 불쌍한 행색이 떠오르는데 우리는 너무 비참한 느낌을 주지 않으려고 화려한 시위를 준비했다."는 것이 시위를 기획한 청년들의 설명이었다.

이들은 시위를 하면 바로 찍어서 유튜브에 올리고, 트위터와 인스타그램을 통해 알리는 등 SNS를 잘 활용했다. 시위나 행사 일정은 1백 명이 넘는 청년들이 참여하는 모바일 메신저 대화방에 공지된다. 이 단체들은 평등하게 운영된다. 딱히 대표자를 정하지 않고, 활동은 함께하되 직함은 없이 모두가 '회원'이다

잊히지 않는 상처, 후쿠시마

동일본 대지진 이후 행동에 나선 일본 청년들 중 상당수는 피해 지역에서 자원봉사를 시작했다. 원전 사고 현장에서 그리 멀지 않은 후쿠시마 현 고리야마 시에서 만난 이시하라 유코(가명, 26세)는 그날의 사고를 여전히 잊지 못한다며 "원전 사고는 아직 내 안에서 해결되거나 극복되지 못한 문제"라고 말했다. 당시 야마가타 현의 대학에 다니던 이시하라는 합창부원들과 연습하다 엄청난 강도의 지진을 느꼈는데, 숙소로 돌아가 상황을 파악하고서야 고향집에서 6킬로미터쯤 떨어진 후쿠시마 원전에 사고가 발생했음을 알게 되었다. 가족들과 연락하는 데만 1주일이 걸렸다. 이시하라는 "계속 집에 틀어박혀 있으면서 매일같이 울었다. 우리 가족이 방사능 피해를 입었을까 봐 너무 불안하고 무서웠다."고 했다.

이시하라는 당시 취업 활동을 시작해야 할 대학교 3학년이었으나 준비할 겨를도 없었다. 주변 일본인들의 냉담한 반응을 보며 마음에는 상처만 남았다. "같이 뉴스를 보면서도 친구들의 반응이 너무 무관심해 괴로웠다. 그런 반응을 참을 수가 없었다."고 했다. 이시하라 가족은 원전 사고 이후 여러 지역에 뿔뿔이 흩어졌고 여관을 전전했다. 원래 건설업에 종사하던 아버지는 원전 사고 제염(방사능 오염 물질 제거) 작업 자리를 구했다. 이시하라도 몸이 좋지 않은 어머니를 돌보며 고리야마 시에서 일하고 있다.

자원봉사를 왔다가 아예 이 지역에 눌러앉은 청년들도 있었다. 처음에는 막연히 돕고 싶다는 마음으로 급하게 후쿠시마에 왔던 청년들은 이 지역 주민들을 만나면서 스스로 남겠다고 결정했다. 현재 후쿠시마 현 다무라 시에는 20·30대 젊은이 열두 명이 모인 '다무라 시 부흥 응원대'가 있다. 이들은 인구 감소를 줄이기 위해 지역 특산품 개발 사업 등에 골몰하고 있다. 후쿠시마 지역 재생 활동을 하고 있는 청년 단체 '빈즈후쿠시마'의 이와사키 다이키(39세)는 "지진 이후 실제로 도쿄에서도 전기가 끊겼고, 자기들이 쓰는 에너지가 이 지역에서 온다는 사실을 깨달은 청년들이 찾아오고 있다."며 "버블 경제가 붕괴한 뒤 격차 사회 안에서 자기 진로에 대한 고민에 몰두하던 청년들이 원전 사고 이후 사회라는 구조 속에 있는 자신을 바라보게 되지 않았을까 싶다."고 했다. 5년째 도쿄에서 미야기 현 이시노마키 시로 자원봉사를 가고 있는 대학생 미야시타 유야(가명, 23세)는 "지금 자원봉사를 가는 사람들은 대부분 청년들"이라며 "가서 청소만 해도 도움이 되니까 나도 이 사회에서 필요로 하는 존재라는 느낌이 든다."고 했다.

청년을 위한 정치는 없다

도쿄 신바시 역 근처 다방에서 만난 일본 직장인 야마구치 다

쿠야(가명, 27세)는 무표정한 얼굴로, 선거 때마다 야당에 투표해도 달라지는 것은 없었다며 이렇게 말했다.

> 정치가 얼마나 내 생활에 영향이 있는지를 머리로는 이해하지만, 실제로 내가 투표해서 생활이 바뀐 적이 없고 바뀔 것 같지도 않아요. 내가 투표를 하는 것은 커다란 수영장에 꿀을 한 숟가락 넣는 듯한, 다 희석되어 아무것도 달라지지 않는 듯한 느낌이에요.

그는 "정책을 하나하나 살펴보거나 약자라고 불리는 사람들을 생각할 만큼 여유가 없다."고도 했다. 퇴근한 지 얼마 안 된 듯, 검은색 정장에 넥타이를 매고 있었다.

야마구치의 왼쪽에 앉은 2년차 대기업 영업직 사원 이노우에 마리나(가명, 25세)도 검은색 정장 차림이었다. 이노우에는 스무 살 때, 첫 선거를 일컫는 '기념 선거' 한 번을 제외하고는 투표에 참여해 본 적이 없다고 했다. "선거는 텔레비전 속의 일이라는 느낌이 든다."는 것이다. "선거가 나한테 어떤 영향이 있는지도 모르겠고, 나한테 주어진 환경에 사실 불만이 없거든요. 세상을 바꾸고 싶다는 갈망이 없어서 무관심한 것 같아요." 그 앞에 앉아 있던 마쓰우라 다카마사(38세)가 말을 보탰다. "아마 대부분의 일본 청년이 이런 의견일 거예요." 다카마사는 청년 비영리단체 법인 블라스트비트blastbeat의 대표로, 이날 만난 두 청년들과 예전부터 함께 일해 왔다고 했다.

한국 청년들은 그래도 저항의 목소리를 역동적으로 내지 않나요? 언론에 나오는 것을 보면 정치에 관심이 많고 시위도 많이 하는 것 같은데.

누군가의 질문에 말문이 막혔다. 한국의 한 대학생에게 들었던 말이 떠올랐다.

시위의 의제도 마음에 들고 방식도 마음에 들어요. 그런데 아무리 말을 해도 그 말을 들어주는 사람이 없는 것 같아요. 저는 학생 신분이니까 학업이 최우선이어야 한다고 생각하는데, 청년 문제를 꼭 청년이 말해야 하는 것이 아니라 청년을 위해서 말해 줄 사람이 있어야 되는 거죠. 그런데 아무도 없는 것 같아요.

청년을 위한 정치가 없다는 점은 한국이나 일본 모두 마찬가지다. 1960년대 일본 고등학생의 시위에 폭력 시위라는 이미지가 덧씌워졌고, 문부과학성은 학교 안에서 정치를 의논하거나 집단행동을 하지 못하게 억제해 왔다. 학교 현장에서는 정치를 이야기하는 것이 금기이고, 위정자들은 나이 든 사람들뿐이다. 이렇게 말하는 한국 청년도 있었다.

돈 있는 것들은 안 나서고, 내가 나서야 되는데 난 사실 집회에 나갈 시간도 없고 돈도 없어. 근데 키보드 쓰는 건 공짜잖아. 그래서 키보드로 '헬조선'을 치고 있는 거야.

'나서 봤자…….'라는 생각은 한일 청년 다수가 공통적으로 갖고 있는 듯했다.

일본 젊은이들 사이에서, 기성세대가 조성해 놓은 환경에 대한 불만이 늘고 있는 것은 분명해 보인다. 일본도 세대 갈등의 조짐이 보이고 있다. 다카마사는 "기성세대는 대기업에 들어가 문제의식 없이 그 시스템의 부속품이 되는 것이 당연했지만, 버블 붕괴 이후 청년들은 이 같은 삶에 의문을 품고 있다."며 "일종의 세대 갈등"이라고 말했다.

일본의 청년 정책

도쿄 다치카와 시의 니트·히키코모리(일하지 않고 일할 의지도 없는 청년과 은둔형 외톨이) 지원 단체 소다테아게 네트育て上げネット(길러 내는 네트워크) 건물 지하 회의실에는 30여 명의 청년이 모였다. 연두색과 파란색 작업복을 입은 청년들은 원형으로 서로를 바라보고 섰다. 팔다리를 움직이고 손을 잡아 꼬며 체조를 하는 사이 곳곳에서 킥킥대는 웃음소리가 터져 나왔다. 이내 큰 소리

로 "이제 일하러 가겠습니다! 잘 부탁드립니다!" 하고 외치더니 뿔뿔이 흩어졌다.

모두 니트나 히키코모리 경력이 있는 청년들이다. 이들은 밤낮이 바뀌어 생활 리듬이 흐트러지는 경우가 많아 아침에 이곳에 모두 모여 출석 체크를 한 뒤 하루를 시작한다. 이후에는 각자 필요한 강의를 듣거나 빌딩 청소, 전단 배부, 기업 인턴 등 정해진 일터로 간다. 훈련생마다 스태프 한 명이 따라붙는다. 일을 제대로 하는지 지도하고 적성에 맞는지 확인한다. 축구 경기를 보러 가거나 포장마차에서 같이 음식을 파는 날도 있다. 프로그램을 수료하고 일자리를 구하면 자립하게 된다.

이 프로그램의 핵심은 '회복'이다. '취업'을 목표로 하지만 취업이 전부는 아니다. "상담할 수 있는 상대를 갖게 하는 것"이 중요한 단계다. 일명 '이바쇼居場所(거처) 만들기'다. 내가 안심할 수 있는 공간, 나의 능력을 최대한 발휘할 수 있는 공간을 이바쇼라고 한다. 훈련생은 심리적으로 불안한 부분을 다른 사람과 공유하면서 자신감을 키우고, 남과 대화하면서 소통하는 능력을 기른다. 직업훈련은 성과를 따지지 않는다. 한 번 실패하면 또 상담을 하고 다시 일어날 수 있게 돕는다. 구도 세이 소다테아게 네트 대표는 "취업하고 3년 뒤까지 일을 하고 있는지 추적하는 것이 포인트"라고 말했다. 새로 들어오는 청년만 한 해 3천 명에 달한다. 비용은 정부의 예산 지원이나 기업 후원금으로 충당한다. 정부가 지원하는 지역 청년 서포트 스테이션이 전국에 160곳이다.

단순히 겉으로 드러난 문제를 해결해 주는 것을 넘어, 왜 문제가 생겼는지를 탐색하고자 청년의 삶을 들여다보는 이 같은 프로그램은 하루아침에 나온 것이 아니다. 일본 청년 지원 단체 사람들은 "일본의 청년 정책은 아주 오랜 시간을 거쳐 겨우겨우 세상에 나왔다."고 말한다. 일본 정부도 처음에는 취업률 향상 등 '취업 중심' 사고가 강했다. 일하지 않는 청년들을 취업만 잘 시키면 된다고 생각했던 것이다. 열심히 직업훈련을 시키고 취업 능력을 키워 준 뒤 청년들을 일터로 보냈다. 그러나 그들은 금세 그만두거나 정착하지 못했다. 결국 그 청년이 자라 온 환경을 기반으로 심리적 문제와 경제적 어려움을 해소하는 등 다방면의 '포괄적 지원'을 펼치는 쪽으로 정책 방향이 전환됐다.

청소년 문제와 청년 문제를 구분하는 한국과 달리 일본은 '와카모노(청소년과 청년을 합친 개념으로 만 15~39세) 문제'로 범위를 확대했다. 청년기에 발생한 문제를 파고들어 가면 청소년기와 연결되고, 30대 후반까지 청년기에 포함시켜야 한다는 취지다. 민간단체들은 정부에 이 같은 청년 정책이 필요하다고 요구했다. 결국 최근 10년 사이에 정부의 청년 정책 흐름이 바뀌었다. 구도 대표는 "일을 바로 시작할 수 있는 사람이 있는가 하면 오랜 준비 기간이 필요한 사람이 있다는 사실을 정부도 인정하게 되었다."고 했다.

내각부 어린이·청년 육성 지원 검토회와 후생노동성 노동정책심의회에 참여하고 있는 미야모토 미치코 방송대학 부학장은

"일본에서도 원래는 정책이 노동·주택·의료 식으로 칸막이되어 있었는데, 청년이 제대로 자립하려면 체계적으로 묶인 정책이 필요하다는 점을 깨달았다."며 "종합적인 대책을 적용하기 위해 정부의 각 부처도 적극적으로 벽을 없애고 함께 협의하고 있다."고 했다.

니트·히키코모리 청년이 공동생활을 하면서 자신을 회복하게 하는 K2인터내셔널★의 활동은 지역사회에 긍정적인 영향을 끼쳤다. 이에 지방자치단체인 요코하마 시가 지원하게 됐다. K2인터내셔널의 가나모리 가쓰오 대표는 "우리의 지원은 일터로 보내는 지원이 아니라 함께 걸어가는 지원"이라고 했다. 직업훈련을 시켜서 일터로 내보냈다고 해서 끝이 아니라, 옆에서 함께하다가 때때로 필요해지면 돕는다. K2인터내셔널은 사회복지·교육·의료 등 다양한 분야 전문가들과 연계돼 있다.

한국은 어떨까? "미래의 사회적 비용을 봤을 때, 청년 문제에 대응한다는 것은 아주 시급한 문제예요. 한국은 일본보다 심각하게 니트·히키코모리 문제가 나타날 테고 엄청나게 빠른 속도로 진행되리라고 봐요." 가쓰오 대표의 말이다. 실제로 한국 역시

★ K2인터내셔널 그룹은 1989년 당시 일본 학생들의 '등교 거부' 문제 해결을 계기로 활동을 시작해, 지금까지 히키코모리 청년들의 자립 및 구직을 지원해 왔다. 2012년 한국 현지 법인을 설립하고, 한국에서 비슷한 문제를 겪고 있는 청년들을 위해 현지 단체 및 행정과 연계해 사업을 실시하고 있다.

배우고 싶어도 가난 탓에 배우지 못하는 청년들이 많았던 예전과 달리, 이제는 배우려 하지도 않는 청년들이 많아지고 있다. 새로운사회를여는연구원이 추산한 20대 청년 니트의 규모는 138만8천 명(2015년 3월 기준)으로 전체 20대 청년 인구의 21.8퍼센트에 이른다.

정작 유일무이했던 한국의 니트 지원 민간단체였던 '유유자적 살롱'(2009년 설립)은 2013년부터 정부 지원금이 절반으로 줄자 2015년 12월 문을 닫았다. 정부의 지원도 사회적 관심도 없는 상태에서 청년들은 방치되고 있다.★ 민간단체에서 30명 규모로 시범 사업을 해보고 이를 토대로 정부에 본격적인 사업을 제안하면 지원이 이뤄지는 일본과 대조적이다. 지방자치단체 차원의 시도로는 서울 성북구가 2015년 7월 전국 최초로 청년지원팀을 신설한 정도다.

일본에서 사회적 기업을 연구하는 지역 퍼실리테이터(토론 촉진자) 강내영 씨(44세)는 "정부가 복지를 담당하는 유럽과 달리 일본은 한국처럼 기업에서 일을 하는 것으로 복지 시스템이 구축

★ 한국은 은둔형 외톨이에 대한 실태조차 제대로 파악되지 않은 만큼 대책도 전무하다. 2015년 5월 〈학교 밖 청소년 지원에 관한 법률〉(학교밖청소년법)이 시행되면서 '학교밖청소년지원센터'가 전국에 확대 설치됐지만 이들의 사회 복귀에는 도움이 되지 못하고 있다(박주연, "'사람이 무서워요' 은둔하는 어른들", 『경향신문』 2016/07/01).

되는 구조인데, 버블 경제가 붕괴하고 2008년 미국발 금융 위기가 발생한 이후 이 구조가 무너지고 있다."며 "한국도 청년 문제를 사회 전체의 문제로 인식하고 지금 해결하기 위해 총력을 기울이는 것이 가장 비용이 저렴한 방안"이라고 말했다.

타이완

청년, 귀신 섬을 흔들다

타이완 청년들이 끝내 분노를 터뜨렸다. 이들은 귀향 버스, 귀국 비행기를 타고 투표소로 갔다. 그들은 자신들의 문제를 정치 이슈로 만들었다. 결집된 분노는 정권을 바꿨고, 청년을 대변하겠다는 젊은 정당을 국회에 진입시켰다. 이제 이 나라에서 '청년'은 무시할 수 없는 유권자 집단이 됐다. 바로 지금, 타이완의 청년들이 '귀신 섬'을 흔들고 있다.

청년들의 꿈을 앗아간 '귀신 섬'

아시아 동쪽의 작은 나라. 대학을 졸업한 그곳 청년들은 월평균 91만9천 원을 받는다. 최저임금으로 따진 월급은 73만2,493원. 월급을 평생 모아도 수도에서 집을 사기는 불가능하다. 심지어 대학원을 나와도 좋은 일자리를 찾기 힘들다. 청년들은 공무원이 되거나 국영기업·은행에 취직하는 것을 최고로 친다. 그러나 어디를 가든 대졸 초임은 10여 년간 제자리이고 아르바이트를 해서는 방세 내기도 버겁다. 청년들은 결혼과 출산을 미룬다.

부모보다 잘살 수 있으리라는 희망을 포기한 청년들. 그러나 경제성장의 혜택을 누린 어른들은 이들을 향해 "힘든 일을 하기 싫어하고 나약하다."며 손가락질한다. 지난 8년간 집권했던 보수 정권은 청년들의 목소리에 귀 기울이지 않았다. 이곳 청년들은 '저주받은' 조국을 떠나 다른 나라에서 기회를 찾고 있다.

타이완의 별칭은 '포르모사'Formosa이다. 16세기 말 타이완에 닻을 내린 포르투갈 선원들이 빼어난 풍광을 두고 '아름다운 섬'이라 일컬은 데서 유래한 말이다. 5백여 년이 흐른 지금, 그 '아름다운 섬'에는 '구이다오'鬼島(귀신 섬)라는 오명이 더해졌다. 타이완 청년들은 타이완을 '귀신 섬' 혹은 '귀신들린(저주받은) 섬'이라 자조한다. 한국의 '헬조선'처럼 '귀신 섬'은 타이완 사회에 대한 청년들의 불만과 분노가 응집된 단어였다.

월급이 오르지 않는 섬

청년들은 타이완이 '귀신 섬'이 된 원인을 우선 저임금에서 찾았다. 대학 졸업 후 평균 2만2천 타이완달러(약 80만8,720원)에 불과한 임금을 받는다는 뜻에서 스스로를 '22K세대'라 불렀다.

간호사 웡카이러우(32세)는 "월급이 너무 낮은 것이 타이완의 가장 큰 문제"라고 말했다. 그는 입사 3년차를 맞고서야 월급이 3만3천 타이완달러(121만3,080원)로 올랐다. 그때까지는 2만8천 타이완달러(102만9,280원)를 받았다. 매달 저축액은 5천 타이완달러(18만3,800원) 정도에 그친다. 그는 "양가 도움 없이는 결혼하기 어려운 수준"이라며, "독립해서 살려면 월급이 적어도 3만5천 타이완달러 이상은 돼야 한다."고 말했다.

"타이완이 이토록 처참한 섬이 된 것은 집값은 높은데 임금은 낮아서 그렇다." 타이베이의 타이완대학교 캠퍼스에서 만난 류이쥔(26세)은 '귀신 섬'을 이렇게 설명했다. 그는 2년 전 첫 직장을 그만뒀다. "당시 받은 월 3만 타이완달러(110만2,800원)로는 집을 못 사는 것은 물론 미래가 없을 것 같았기 때문"이었다. 지금은 저임금에서 벗어나기 위해 '탈脫타이완'을 준비 중이다. 그는 중국어교육대학원에 다니며 해외에서 중국어를 가르치는 일자리를 찾고 있다. "타이완에 있는 어학당은 월급조차 정해져 있지 않은 계약직이고, 경력이 꽤 쌓여야 시간당 550타이완달러(2만218원) 정도를 받는다." 그는 아르바이트를 두 개씩 하며 프랑스로 떠날 자금을 모으고 있다.

타이완의 대졸 초임은 수년째 제자리다. 타이완 행정원 통계를 보면, 2015년 12월 기준 4년제 대학 졸업자 초임은 월 2만5천 타이완달러(91만9천 원), 전문대 졸업자는 2만4천 타이완달러(88만2,240원)다. 2011년 2만5천 타이완달러, 2012·2013년 2만6천 타이완달러(교육부 통계)에 비해 큰 차이가 없거나 후퇴했다. 최저임금도 1997~2007년 월 1만5,840타이완달러(58만2,278원)였고, 지금도 2만8타이완달러(73만2,493원)에 머물고 있다.

비합리적인 직장 문화가 지배하는 섬

의사 장이젠(37세)은 이전에 병원을 그만둘 때 20만 타이완달러(735만2천 원)를 물어냈다. 입사할 당시, 퇴사할 때 이어받을 사람이 없으면 배상금을 내겠다는 내용의 계약서를 썼기 때문이다. 그는 "취업할 때 흔하게 이뤄지는 관행"이라고 했다. 류이쥔 역시 2년 전 그만둔 직장에 입사할 당시 배상금을 물어내야 하는 내용과 조건이 근로계약서에 포함됐다. 당시 면접을 본 기업 모두가 이 계약서를 요구했다. 그는 "구직자 입장에서는 불만이 있더라도 사장이 고용하지 않을까 봐 계약서에 서명할 수밖에 없다."고 말했다.

'귀신 섬'이라는 말은 타이완의 수직적이고 비합리적인 근로·고용 문화를 뜻하기도 한다. 타이완 자오펑은행에 다니는 류원원

(29세)은 "야근 수당 같은 것은 당연히 받아야 되는데, 어떤 사람들은 기업의 이익을 고려해 야근하더라도 수당을 받으면 안 된다고 한다."며 "이처럼 자신의 권리를 주장해야 마땅한 일이 자연스럽게 받아들여지지 않을 때 '귀신 섬'이라는 말을 쓴다."고 말했다. 쉬정치(28세)는 2015년 다니던 직장을 그만두고 파나마로 갔다. 그는 "타이완 직장은 상명 하달식 구조라 신입이 다른 방식을 제안해도 상사가 받아들여 주지 않는다."며 "관료주의적 관습이 심한 곳에서는 내가 발전할 수 없을 듯해 해외 일자리를 알아봤다."고 말했다. 그는 "문화가 달라 힘들 때도 있지만 계속 해외에서 근무할 예정"이라고 했다.

집값이 비싸 독립을 꿈꿀 수 없는 섬

> 집 사는 것과 애 낳는 것은 포기했다. 일해서 집을 살 수 있는 수준이 아니다.

타이완사범대 국제정치대학원에 다니는 슝전샹(25세)은 학교 인근 '야팡'雅房에 산다. 야팡은 공용 화장실을 쓰고 부엌이 딸리지 않은 주거 형태로, 한국의 하숙과 비슷하다. 6.6제곱미터쯤 되는 방의 월세는 5천3백 타이완달러(19만5천 원)다. 그가 한 달에 아르바이트 두 개를 해서 버는 돈은 1만2천 타이완달러다. 방세가 저렴한 편이라고 해도 생활비 지출을 고려하면 부담스럽다.

그는 "방세는 부모님의 도움을 받아 충당한다. 집을 살 가능성이 없으니 앞으로도 월세를 살아야 한다."며 "아마 타이베이에 살면서 저축은 못 할 것"이라고 말했다.

최근 10여 년간 집값이 크게 올라 타이완 청년들은 부모로부터 독립하기 더욱 힘들어졌다. 2015년 기준으로 수도 타이베이의 연소득 대비 주택 가격 비율price to income ratio, PIR은 16배를 기록했다. 2008년 8.79배보다 거의 두 배 가까이 뛴 것이다. 'PIR 16'은 중간 수준 소득자가 중간 수준의 주택을 구입하려면 한 푼도 쓰지 않고 16년간 월급을 모아야 한다는 뜻이다. 수입의 절반만 저축하면 32년을 모아야 한다.★

자오펑은행에 다니는 류원원은 방세 부담을 덜고자 부모님과 함께 산다. 한국의 산업은행과 비슷한 자오펑은행은 상대적으로 임금이 높고 안정적이라 공무원과 더불어 대학생들이 선망하는 직장이다. 6년차인 그의 월급은 4만 타이완달러(147만4백 원) 정도다. 그런 그도 "소득에 비해 집값이 비싸 독립과 결혼을 늦추고 있다."며 "독립하려면 결국 부모님 도움이 필요할 것"이라고 했다.

★ 한국의 경우, 2016년 수도권 평균 PIR은 7.6배였다. 보통 PIR이 5.0배를 넘으면 주택 가격을 감당하기 어렵다고 본다. 소득수준에 따라 차이가 있는데, 중소득층의 평균 PIR은 6.2배, 고소득층은 5.0배, 저소득층은 11.6배로 나타났다. 국토교통부, "2016년 주거실태조사"(2017/04).

일각에서는 부모에게 의존하는 타이완 젊은이들을 '딸기 세대' 혹은 '복숭아족'이라 부른다. 청년들의 나약함과 '노력 부족'을, 기성세대들이 겉모습은 아름다우나 쉽게 무르는 과일에 빗댄 표현이다. 청년들은 고개를 흔든다. 류원원은 "부모 세대 시절에는 경제도 발전하고 나라도 성장했다. 그 결과 윗세대들은 조금만 노력해도 크게 보상받았지만 지금은 그렇지 않다."고 지적했다. 대학원생 저우원정(25세)도 "부모 세대보다 잘살 수 있으리라는 기대가 없다. 객관적으로 볼 때 집값이 너무 비싸고 젊은이들이 좋은 일자리를 찾을 기회가 적기 때문"이라고 말했다.

정치·사회에서 믿기 힘든 일이 일어나는 섬

타이완에서만 일어나는 불가사의한 사건들 때문에 타이완을 '귀신 섬'이라 부른다. 정말로 귀신을 봤을 때처럼 믿을 수 없는 일이 일어나기 때문이다.

류원원은 '사라진 CCTV(폐회로텔레비전)'를 예로 들며 귀신 섬을 설명했다. '사라진 CCTV'란 2013년 한 청년이 군 가혹행위로 사망했으나 군 당국이 "공교롭게도 학대 당시의 CCTV 녹화분만 삭제돼 있다."고 밝힌 사건을 뜻한다. 곧바로 사건 축소 의혹이 일었다. 류원원은 "'귀신 섬'이 차라리 먹고살기 힘들다는 이유에서만 비롯된 말이라면 다행"이라고 말했다.

이처럼 타이완 청년들은 사회정의가 사라진 현실을 두고도 귀신 섬이라는 표현을 쓴다. 한국 청년들이 '헬조선'을 논할 때 미개함을 언급하는 맥락과 유사하다. 타이완정치대에 재학 중인 랴오하오샹(20세)은 "유명 식품 기업이 폐식용유를 이용해 만든 라면을 팔다 적발됐으나 무죄판결을 받았다."며 "문제가 발생해도 아무도 책임지려 하지 않을 때 '역시 타이완은 귀신 섬'이라는 생각이 든다."고 말했다.

청년들 사이에서는 특히 오랜 기간 정권을 잡아 왔던 국민당의 '구태'에 대한 반감이 컸다. 불투명하고 부패한 정치를 한다는 이유에서다. '사라진 CCTV' 사건도 국민당 집권기에 벌어졌다. 프로 바둑 기사 린위샹(32세)은 "국민당은 참신한 사람을 내세우지 않고 좋은 자리를 대물림하려 한다."며 "지난 타이베이 시장 선거에서 국민당 유력 인사의 아들이 후보로 나오는 것을 보고 반감이 생겼다."고 말했다. 저우윈정 역시 "국민당은 청년들에게 관심을 갖지 않았다. 개혁 의지 없이 기득권층에만 집중했으며 부패가 너무 오랫동안 지속되어 왔다."고 말했다.

국민당이 저지른 비민주적이고 폐쇄적인 정치과정에 대한 분노는 2014년 반反서비스무역협정 운동, 이른바 '해바라기 운동'에서 정점을 찍고 현재까지 이어지고 있다. 2014년 3월 17일 국민당이 서비스산업 개방을 골자로 하는, 중국과의 양안 서비스무역협정을 날치기 통과시키자 이튿날 대학생이 주도한 시위대가 입법원을 점거하는 초유의 사태가 벌어졌다. 점거는 24일이나 이어졌다. 당시 시위에 참가했던 타이완정치대 학생 주옌천(21세)은 "중국과 협정을 맺으면 타이완 내 서비스 일자리가 줄어들어 대다수 노동 계층에게 피해를 끼칠 수도 있는데, 이를 사회적 합의 없이 비민주적으로 통과시킨 점이 아쉬웠다."며 "이런 관행이 변하지 않는 한 타이완은 귀신 섬으로 남아 있을 것"이라고 말했다.

"귀신 섬을 넘자"며 몸부림치는 청년들

타이완 청년들은 '귀신 섬'을 다시 '아름다운 섬'으로 돌리고자 스스로 나섰다. 방법은 투표였다. 2016년 1월 총통과 입법위원 선거를 앞두고 타이완대·타이완정치대·타이완사범대 등 주요 대학에서는 귀향 버스가 꾸려졌다. 부재자 투표 제도가 없는 타이완에서 학생들의 투표를 돕고자 학생회가 마련한 것이었다.

슝전샹 역시 투표일에 기차를 타고 남쪽 타이난까지 갔다. 그는 "2년 전부터 정부에 불만이 많았는데 투표하지 않으면 내 불만을 표출하지 못하게 되니 고향에 갔다."며 "충분한 임금을 주는 일자리가 별로 없는 현실을 바꾸고 싶다."고 말했다. 파나마에서 근무하는 쉬정치는 귀국해서 투표했다. 그는 "구세대 정치인들이 물러나고 더 많은 청년 세대가 기회를 잡길 바란다."고 했다. 타이완싱크탱크는 청년층(20~29세)의 74.5퍼센트가 지난 총통 선거에 참여했다고 추정했다. 전체 투표율인 66.27퍼센트를 웃돌고, 2012년 총통 선거의 청년층 투표율(약 60퍼센트)보다 크게 높아진 수치이다.

타이완 청년들이 이전보다 더 적극적으로 투표와 정권 교체에 나선 이유는 무엇일까? 취자오샹 타이완사범대 정치학 교수는 "청년들은 타이완이 중국에 경제적으로 너무 의존한 나머지 정치적으로 흡수될까 봐 두려워한다."고 말했다. 대외적으로 타이완에 경제적 제재를 가하고 있는 중국에 대한 반감이 친중국적 성향의 국민당을 거부하고, 변화를 택하는 형태로 폭발했다는 뜻이다. 그는 "해바라기 운동에서 알 수 있듯 젊은 세대는 중국이 타이완의 경제성장을 억압하고 있다는 사실을 더 피부에 와닿게 느낀다."고 밝혔다. 류진희 타이완정치대 교수는 "지금 청년들은 과거 민진당의 타이완 인식 교육에 영향을 받은 세대로, 권위주의적이고 독재적인 통치 방식에 염증을 느끼고 있다."며 "두 차례 정권 교체를 경험한 최초의 세대이며, 시민운동 영역도 자각하기 시작했다."고 분석했다.

"귀신 섬에 산다."고 자조하면서도, '딸기처럼 물러 터진' 청년들은 '한데 뭉쳐 정권을 교체한' 경험을 공유하게 됐다. 게다가 그들은 여전히 정치권에서 눈길을 거두지 않고 있다. 슝전샹은 "이번 정부가 국민의 기대에 부합한 정치를 하는지 감독해야 한다."며 "만약 그렇지 않다면 또다시 정권을 바꿔야 한다."고 말했다. 그리고 이 같은 노력은 타이완의 정당들이 청년의 목소리에 응답하게 만들었다.

> 세대 정의를 실천하겠다. (차이잉원 민진당 총통 후보)
>
> 4년 내에 최저임금을 월 3만 타이완달러(110만 원)로 향상시키겠다. (주리룬 국민당 총통 후보)

타이완의 양대 정당은 2016년 1월 치러진 제14대 총통 선거에서 모두 청년에 주목했다. 청년과 직결된 교육·일자리·주거 문제에 대해 다양한 정책이 쏟아졌다. 민진당은 추가 근무와 임금, 취업 등의 의제에 집중하겠다고 했다. 대학 학비를 동결하고 기숙사를 신축하겠다고 약속했다. 현재 7천여 가구에 불과한 임대주택을 20만 가구까지 늘리고, 기금 모금을 통해 청년 창업을 지원하겠다고 했다. 국민당도 뒤처지지 않았다. 지난 8년간의 실정을 반성하면서 분배 정의를 실현하겠다고 약속했다. 그간 임금 상승폭이 너무 낮았다는 점을 인정했다. 고등교육비를 함부로 올리지 않겠다고 다짐했고, 대출 및 임대료를 보조해 주택 부족 문제를 해소하겠다는 공약도 내걸었다.

이런 공약이 등장할 만큼 청년들의 박탈감은 컸다. 1997년 1만5,840타이완달러(58만 원)이던 월 최저임금은 2013년까지 불과 20퍼센트 증가했다. 2008년 집권한 마잉주 정권의 친중국 경제성장 정책은 타이완 기업의 중국 이전이라는 결과로 돌아왔다. 실업률이 오르고 임금 상승은 거의 없었다. 정부가 다시 투자를 유치한다는 명목으로 재산세·증여세·법인세를 내렸지만, 돌아온 자금은 부동산으로만 흘러들어 갔다. 2014년 타이베이 평균 집값은 2001년에 비해 세 배 올랐다.

그러자 선거에서는 청년의 지지를 받는 군소 정당도 등장했다. 2014년 3월 청년들이 주도한 해바라기 운동이 계기였다. 수천 명의 청년들이 그해 10월 타이베이 고급 주택 지구에 드러누워 주거 문제의 심각성을 알리는 등 꾸준한 행동을 펼쳤는데, 이 같은 움직임이 시대역량과 사회민주당 등 제3 정당 설립으로 이어졌다. 게다가 이 정당들의 부상은 민진당과 국민당을 변화시켰다. 왕옌칭(26세) 시대역량 신문담당대변인은 "비례 후보 명단을 작성할 때 시대역량이 소수자를 대변할 후보를 내세우자 민진당도 시민 단체 활동가 등을 내세웠다."고 말했다. 2016년 1월 민진당의 차이잉원 후보는 총통 선거에서 압승했고, 입법위원 선거에서도 민진당이 113석 가운데 64석을 차지했다. 국민당은 35석에 그쳐 1949년 타이완에 진주한 이래 최악의 패배를 맛봤다. 시대역량은 창당 1년 만에 다섯 석을 확보해 제3당이 됐다. 타이완에서 청년들의 목소리가 대변될 전기가 마련된 셈이다.

청년들의 분노와 열망이 향한 '새로운 정치'

2016년 1월 타이완 총통·입법위원 선거에서 시대역량이 두각을 나타낸 것은 경제·노동문제 등에 관해 젊은 층과 소통한 것이 주효했기 때문이다. 타이완에서 만난 청년들이 시대역량에 기대하는 것은 참신한 정치와 불공정한 사회의 '개혁'이었다.

그러나 그런 요구를 실현하기에는 여전히 갈 길이 멀다. 정식 가입한 당원은 1천 명 남짓에 불과하고, 아직 지방 조직을 갖추지 못했다. 이 때문에 시대역량은 아직 정당이 아니라고 보는 견해도 있다. 정당으로서 역량도 축적해야 할뿐더러 신생·소수 정당으로서 민진당이나 국민당의 협력을 얻어내야 한다.

2016년 2월 23일, 타이완 타이베이 중정 구에 자리 잡은 시대역량 사무실은 새 건물 느낌이 물씬 났다. 왕옌청 신문담당대변인이 사무실을 안내하며 건넨 말도 내내 갓 출발한 신생 정당에 대한 내용이었다. 회의실에서는 마침 입법위원 카울로 이윤(39세)과 린창줘(40세) 등이 참석한 회의가 한창이었다. 열 명가량 방문자들의 연령층은 20대부터 40대까지 다양했다. 왕 대변인은 "요즘은 공청회 준비로 회의가 잦다. 관련 분야 전문가나 일반 시민의 의견을 들으며 공감대를 쌓고 있다."고 말했다. 입법원 건물 내에 있는 당 사무실로 들어갈 때는 별다른 신분 확인이나 검사가 필요 없었다. 그는 "시대역량의 힘은 소통"이라며 "쉽게 다가설 수 있어야만 더 많은 시민들과 만날 수 있다."고 했다.

시대역량은 2015년 1월 25일 타이완의 진보 인사들이 창당한 지 꼭 1년 만인 2016년 1월 입법위원 선거에서 113석 중 다섯 석을 차지해 원내 제3당으로 도약했다. 이는 국민당과 민진당이 양분한 타이완 정치 구조에 중요한 균열을 낸 사건으로 평가되었다. '청년들을 대변하는 정당'을 자처하는 시대역량은 '귀신 섬'이라고 자조하는 타이완 청년들의 기대를 한 몸에 받고 있다. 황궈창(43세) 시대역량 대표를 입법원 위원연구동(의원회관)에서 만나 이야기를 들었다.

> 우리는 청년들과 나란히 서야 한다. 시대역량의 중요한 목적은 바로 청년 세대가 정치에 참가할 수 있는 기회와 장을 마련하는 것이기에 앞으로 타이완 청년들의 미래를 위해 분투하려 한다.

그는 타이완중앙연구원 법학 박사이지만 타이완 청년들 사이에서는 '전신'戰神(전투의 신)으로 더 잘 알려져 있다. 2014년 중국과의 양안 서비스무역협정을 반대해 입법원을 점거한 '해바라기 운동'을 이끌었기 때문이다. 각종 토론회에서 논리적인 주장을 펼친 그에게 젊은이들은 '신'이라는 별명을 붙여 줬다. 그는 2015년 5월 시대역량에 가입해 넉 달 뒤 대표로 선출됐다.

> 타이완은 지난 10년간 계속 국내총생산이 상승세를 유지했지만 평균 임금은 그대로다. 타이완이 이룩한 모든 성과는 소수에게 돌아가고, 안 좋은 결과는 특히 청년 세대에 집중되었다. 현재 타이완의 젊은이들은 졸업 후 낮은 임금, 높은 물가와 집값이라는 환경에 직면한다. 연애를 해도 결혼을 못 하고, 결혼을 해도 출산할 엄두를 못 내는 청년들은 미래가 보이지 않는다고 느낀다.

시대역량은 지난 선거에서 청년층을 파고들었다. 국회 투명화, 분배 확대, 타이완 독립 등을 주장하는 개혁적인 신생 정당은 국민당·민진당이라는 거대 양당과는 다르게 젊은이들에게 다가갔다. 청년 이슈를 주요 공약으로 삼았고 유튜브와 페이스북 등을 활용해 다양한 방식의 소통을 모색했다. 정치에 대한 청년 세대의 불만을 기성 정당이 충족하지 못하는 상황에서, 분노한 청년들은 시대역량에 이끌렸다.

타이완의 청년 세대는 공평한 정의, 즉 세대 정의의 문제에 직면해 있다. 기득권층이 자신들의 이익을 위해 청년의 희생을 대가로 치러서는 안 된다. 청년들에게 되도록 많은 기회를 제공해, 시대역량과 함께 싸울 수 있게끔 할 것이다. 가령 투표 연령을 낮춰 젊은이들의 정치 참여도를 높여야 한다.

황 대표를 만났을 당시 시대역량은 '진격의 새 국회'라는 구호를 내걸고 국회 투명화와 의장 중립을 골자로 하는 입법원 개혁 법안을 발표했다.

현 사회의 불공정한 상태를 개혁하지 못하게 막고 있는 특권계층이, 타이완이 '귀신 섬'이라 불리는 데 진정한 책임을 져야 한다. 시대역량은 최근 타이완에서 발전한 미디어 독점 반대 운동, 해바라기 운동, 보편적 정의를 요구하는 시민운동 등의 가치를 정치에 불어넣고자 한다.

타이완의 전통적인 이슈인 '양안 관계'(중국과의 관계)를 두고 '타이완 독립(정상화)'을 주장한 것도 현재 타이완 젊은이들의 보편적 정체성과 궤를 같이한다. 매년 타이완정치대 선거연구소에서 전국 1만 명을 대상으로 시행하는 '타이완인 정체성 조사'에서 '타이완인일 뿐 중국인이 아니다.'라는 답변은 2015년 당시 59퍼센트를 기록해, 1996년 24.1퍼센트보다 크게 증가했다. 젊은 층에서 타이완 독립 성향이 강하게 대두됐기 때문이라는 분석이 일반적이다.

중국의 거대한 도전과 위협이 다가오지만, 타이완은 민주적 절차에 따라 선출한 정부와 영토가 있는 독립국가이기에 타이완의 정상화가 시대역량의 목표이다. 남북한의 통일을 남한과 북한 주민들이 결정해야 하듯, 타이완의 독립 또한 타이완 국민들이 정해야 한다.

다섯 석을 얻어 제3당으로 입성한 시대역량이 향후 입법원 내에서 어떤 역할을 할 수 있을지에 대해서는 견해가 엇갈린다. 거대 양당을 견제하기를 바라는 한편, 시대역량이 '민진당의 부속 기관'으로 전락할지 모른다는 우려도 있다.

장기적으로는 국민당을 끌어내리고 민진당과 함께 타이완의 주요 정당이 되는 것이 목표다. 물론 아직은 독자적으로 원하는 개혁을 하기가 쉽지 않다. 기존 정당을 설득하기보다는 국민들을 설득해 지지를 얻어야 한다. 국민들이 지지한다면 우리가 법안을 추진할 때 다른 정당도 압박을 받을 것이다. 일단 2020년 선거에서 더 많은 의석을 확보하고자 한다.

결국 시대역량의 주요 지지자인 20·30대 청년들과 소통하며, 끊임없는 관심과 지지를 받아야 한다는 뜻이다. 그는 다음과 같은 말로 대화를 마무리했다.

정치에 실망했다면 정치에 더 큰 관심을 가져야 한다. 정치에 관심을 갖지 않고 참여하지 않기 때문에, 중요한 일의 결정권을 최악의 사람들에게 넘겨주는 것이다. 모든 청년이 선거에 나서야 한다는 뜻이 아니라, 사회정치 문제에 좀 더 관심을 가져야 한다는 뜻이다. 그럼으로써 시민운동 또는 정치적인 방식으로 문제점을 개선해 갈 수 있다. 정치에 대한 무관심은 현 정치에 대한 불만을 해결할 수 있는 방법이 결코 아니다.

스페인·독일

우리가 외치면 공약이 된다

2011년 5월 15일 스페인 시민 8백만 명이 거리로 나와 실업과 빈부 격차 해결을 요구했다. 시위가 끝난 뒤에도 청년들은 멈추지 않았고, 이들은 2015년 12월 스페인 총선에서 40년간 이어진 국민당·사회당 양당 체제를 무너뜨렸다. 독일 정치인은 청년 조직을 거쳐 자란다. 당내 청년 조직은 10대부터 토론을 통해 집단적 의견을 도출하고, 때로는 소속 정당과 싸우기도 한다. 헬무트 콜과 게르하르트 슈뢰더는 모두 이렇게 탄생했다.

40만 당원 이끄는 청년들, '새 정치' 희망 쏘다

"정치가 당장 내일을 기다릴 수 없는 극빈자들을 살폈다면 우리가 '25법'을 의회에 제출할 일은 없었을 것이다." 2016년 2월 25일 스페인 마드리드의 '안토니오 마차도' 문화센터 대강당. 녹색 스웨터와 검은색 바지를 입은 청년이 팔을 휘저으며 목소리를 높였다. 2015년 12월 스페인 총선에서 프랑코 독재 후 40년간 이어진 국민당·사회당 양당 체제를 무너뜨린 '포데모스'Podemos (우리는 할 수 있다)의 원내 대변인 이니고 에레혼Íñigo Errejón(33세) 이었다.

그는 "정치인들은 법까지 바꿔 가며 도산 위기에 처한 기업들과 파산 직전의 은행들을 구했다. 그러고는 전기요금을 납부하지 못한 서민들을 더욱 힘들게 하는 단전 조치를 취했다."면서 "25법Ley 25 de Emergencia Social은 또 한 번의 역사적 변화이며 우리의 존재 이유"라고 외쳤다. 강당을 가득 채운 지지자들 4백여 명은 'UN PAIS CONMIGO, PODEMOS'(나와 함께하는 나라, 포데모스) 라고 적힌 보라색 띠를 손에 들고 "Si se puede!"(그래, 할 수 있어!)를 연호했다. 에레혼 옆에는, 열여섯 살 때부터 사회운동에 참여한 이레네 몬테로Irene Montero(28세) 원내 부대변인이 환하게 웃고 있었다. 청중석에는 청소년부터 노인까지 다양한 연령대의 사람들이 꽉 들어찼다.

포데모스가 의회에 제출한 '25법' 설명회 자리에는 신생 정당의 열기가 후끈 느껴졌다. 법안은 주거·건강·에너지·최저임금 등에 대한 '최소한의 권리'를 보장하기 위해 "인권에 대한 보편적 선언문 25개 조항"을 담고 있다. 시민·청년 단체들과 논의를 거친 끝에 만들어진 법안이다.

포데모스가 이런 법안을 마련한 데는 이유가 있다. 2011년 5월 15일 정부의 긴축정책을 더 버틸 수 없던 스페인 시민 8백만 명이 거리로 나와 실업과 빈부 격차를 해결하라고 요구했다. 청년들은 시위가 끝난 뒤에도 마드리드 '솔 광장'을 점거했다. '분노하라Indignados 시위' 또는 (5월 15일 시작되었다는 데 착안해) '15M 운동'으로 불리는 시민들의 외침이었다. 이런 움직임에 힘입어 2014년 1월 포데모스가 출범했다. 시민들로부터 부정부패·무능·불통의 딱지가 붙은 정치권에 새롭게 등장한 것이다. 그러고는 창당한 지 넉 달 만에 유럽의회 선거에서 다섯 석을 얻으며 신선한 충격을 줬다. 한때 당 지지율 1위에 오르기도 했던 포데모스는 2015년 12월 총선에서 21퍼센트를 득표해 전체 350석 중 69석을 차지한 제3당이 됐다. 당원 수는 어느덧 40만 명에 육박해 국민당에 이어 2위다.

"능력만 있다면 어려도 상관없다"

스페인과 한국은 국내총생산GDP 규모와 5천만 명에 육박하는 인구, 독재 정권 경험과 민주화 이후 지속되었던 양당 구도까

5년 뒤 다시 모인 분노한 사람들

2011년 5월 15일 스페인 마드리드의 솔 광장에서 펼쳐진 '분노하라 시위'를 기념하기 위해, 꼭 5년 뒤 같은 장소에 모인 사람들이 구호를 외치고 있다.

© DnTrotaMundos

지 유사한 점이 많다. 지금은 20퍼센트 넘는 실업률과 50퍼센트에 달하는 청년 실업률, 살인적인 주거비와 저임금이 나라를 짓누르고 있다. 불황 탓에 가게는 문 닫고, 청년들은 일자리를 찾아 독일 등지로 떠난다. 생활고는 노소를 가리지 않았다.

'분노하라 시위'에 참여한 뒤 포데모스 창당 때부터 활동해 온 카스티야라만차 대학의 호세 엔리케José Enrique Ema López 교수(47세)는 "젊은이들이 포데모스의 중추적인 역할을 해왔고 노인들이 후원했다."고 말했다. 그는 "정치인들은 그간 '우리가 해결해 줄 수 없다. 더 노력해라.'라고만 해왔다."며 "청년들과 노인들 모두 자신이 원하는 삶을 계획하고 꿈꿀 수 없는 처지라는 점은 다르지 않다."고 덧붙였다. 포데모스가 나쁜 일자리와 주거 문제가 청년만의 문제라고 국한하지 않으면서, 더 포괄적인 접근을 통해 청년 문제 해법을 마련하려 한 이유였다. 나이가 적다고 해도, 일할 능력과 적절한 방향성을 제시하면 당원들의 신뢰를 얻는 데 문제가 되지 않았다. 문득, 청년 비례대표 몫을 따로 두고, 청년에게 응축된 사회문제를 마치 '청년 정치인'만의 과제인 듯이 벽을 쳐놓은 한국의 상황이 떠올랐다. 한국에서는 40대 정치 신인이 "동네 어르신에게 '너무 어리다.'는 소리를 들었다."고 토로하는 실정이다.

시민들이 포데모스를 선택하는 데 나이는 중요한 고려 사항이 아니었다. 소속 유럽 의원들은 전부 30대다. 36세 때 당선된 당대표 파블로 이글레시아스Pablo Iglesias Turrión(38세)가 최고령이었다. 기성 정당들도 이를 좇아 젊은 정치인을 중용하기 시작했다. 스페인 의회는 젊어졌다.★ 엔리케 교수는 "포데모스에서 함께 활동하는 친구 중에는 나보다 스무 살 어린 20대 초반이 다수"라며 "나이가 어려도 '준비돼 있는 사람'을 선택해야 한다."고 말했다. 아들 빅토르 리오스(20세)와 함께 '25법' 설명회를 찾은 여성 또한 "어려도 상관없다. 변화를 잘 실현할 수 있는지가 중요하다."고 말했다.

"의회에 갇히면 죽은 것과 다름없다"

2016년 2월 23일 저녁, 마드리드 '니콜라스 살메론' 문화센터의 작은 회의실에 주민들이 하나둘 모이기 시작했다. 대학생으로 보이는 젊은 여성이 들어왔다. 그는 나이가 두 배는 많아 보이는 주민들과 포옹하며 반갑게 인사했다. 2015년 6월 지방선거에서 마드리드 시의원에 당선된 이사벨 세라Isabel Serra Sánchez(27세)였다. 그는 고등학생이던 때부터 페미니스트·반자본주의 운동에 참여했다. 2011년에는 동료들과 '미래가 없는 청년들'Juventud Sin Futuro 깃발을 들고 거리로 나섰다.

★ 반면에 한국의 20대 국회의원 당선자의 평균연령은 55.5세로, 역대 최고령 국회가 되었다. 40세 이하 의원은 세 명에 불과하다.

세라 의원이 참석한 이 자리는 포데모스를 굳건하게 하는 풀뿌리 조직 '시르쿨로스'(서클)이다. 시르쿨로스에는 "함께하겠다는 의지만 있으면" 누구나 미리 신청하지 않고 참여할 수 있다. 2011년 '분노하라 시위'를 경험하고 정치에 관심을 갖게 된 사람들이 대다수라고 했다. 시민들이 자발적으로 만든 시르쿨로스가 스페인 전역에 9백여 개 있다.

차마르트틴 시르쿨로스에 모인 주민 서른세 명은 모임 이름처럼 둥글게 둘러앉았다. 세라 의원은 "불평등과 부정부패를 바로잡는 데 주력하고 있다."며 "하지만 집 없는 젊은 층을 도울 법안이 의회에 계류 중이다. 땅과 집이 남는데도 조치를 취하지 않고 있다."고 의회 소식을 전했다. 지역 현안에 대한 논의가 이어졌다. 한 주부가 0~6세 아이들을 보낼 육아 시설이 없다고 했다. 한쪽에서는 실력 행사에 나서서라도 공립학교를 폐교하지 못하게 막아야 한다는 목소리가 이어졌고, 40대 남성은 "교복·식비 지원이 확대돼야 한다."고 말했다. "국민당이 제4당인 시우다다노스와 손잡기 전에 포데모스가 시우다다노스와 협력하는 것이 낫지 않겠느냐?"라는 정치적 얘기나, "함께 문화 활동을 했으면 좋겠다."는 말도 섞였다. 세라 의원은 주민들의 말을 수첩에 받아 적었다. 그는 "이런 모임에서 논의되는 작은 사항도 의회 결정에 영향을 미친다."며 "의회라는 틀에 갇히면 우리는 죽은 것과 다름없다."고 말했다.

모임이 진행되는 동안 A4 용지만 한 갈색 주머니가 주민들 손에서 손으로 건네졌다. 시민들은 호주머니에 있던 1유로며 2유로짜리 동전을 주머니에 넣었다. 시르쿨로스 운영에 쓰일 돈이다. 이날은 39.58유로(5만2천 원)가 모였다.

포데모스 의원들은 2016년 1월 등원하기에 앞서 의원들에게 주어지는 퇴직연금을 받지 않기로 했다. 월급도 최저임금의 세 배 수준인 월 1,930유로(256만 원)만 받기로 했다. 젊은 정치인들이 과감히 특권을 버린 것이다.

포데모스 지지자들은 공통적으로 "할 수 있다는 희망을 봤지만 이제 시작일 뿐"이라고 말했다. 2015년 12월의 총선거에서 모든 정당이 과반 획득에 실패했고, 그 뒤 석 달이 지나도록 연립정부를 구성하지 못했다.★ 시민들의 궁핍한 삶은 2011년 '분노한 시민들'이 거리로 나왔을 때나 지금이나 조금도 달라지지 않았다. 그래서 이들은 "(포데모스가) 의회에 진입했지만 거리에서의 운동은 항상 필요하다."고 했다. 정치인들이 시민들의 요구를 실현하도록 지지자들이 끊임없이 압박하고 감시해야 한다는 것이었다.

★ 2016년 6월 치러진 재선거에서 포데모스는 71석을 확보해, 국민당과 사회당에 이어 재차 제3당의 지위를 유지했다.

정보 기술이 꽃피운 소통과 참여

거리로 나선 시민들의 목소리가 포데모스라는 결실을 맺기까지는 '디지털 도구'를 활용한 소통이 큰 역할을 했다. 포데모스 당원이 아니더라도, 모든 시민들이 인터넷과 스마트폰 앱을 이용해 후보자를 정하거나 정책을 제안할 수 있다. '플라자 포데모스' Plaza Podemos라는 온라인 공론장에서는 누구나 의원에게 질문하고 의원은 답한다. 포데모스 내 다양한 집단은 '루미오'Loomio라는 앱을 통해 의사를 결정한다.

포데모스의 총선 후보도, 온라인 투표에 참여한 수만 명의 시민들이 결정했다. 공교육 개선(45퍼센트), 부패 근절(42퍼센트), 주거권 보장(38퍼센트), 공공 의료 강화(31퍼센트), 가계 부채 조정(23퍼센트) 등 5대 공약도 그렇게 정해졌다. 에레혼은 "포데모스가 등장하기 전까지, 더 나아지리라는 희망이 없던 시민들은 투표 자체를 포기한 상태였다."며 "총선은 우리를 지지해 달라는 선거운동이 아니라, 이미 패배자가 된 그들을 설득해야 하는 선거운동이었다."고 설명했다.

포데모스의 디지털 전략을 짜는 데 주도적으로 참여했던 야고 아바티Yago Bermejo Abati는 "온라인 활성화가 정보 전달을 넘어 정치에 직접 참여하려는 시민들의 요구를 실현할 수 있다."며 "거리의 운동이 실현되는 데 기술이 도움을 주고 있다."고 말했다. 그는 자신이 만든 '디사이드 마드리드'(https://decide.Madrid.es)

라는 웹사이트를 예로 들었다. "마드리드 시민이 직접 의견을 올리면 다른 시민이 그 안건을 완성할 수 있다."면서 "어떤 안건에 대한 지지가 유권자의 2퍼센트(약 5만3천 명)를 넘으면 정식으로 상정된다."고 전했다. 이전에는 정치인이 혼자 판단해 의사 결정을 했다면, 이제는 정치인이 온라인에 나타나는 시민 의견에 따라 철저하게 시민의 '대리인' 역할을 하게 된다는 설명이었다.

특히 온라인 환경에 익숙한 젊은 세대는 남의 일로만 느끼던 정치에 쉽게 참여할 수 있게 됐다. 의견을 개진하고 실현할 수 있는 통로만 마련되면 청년들이 열성적으로 정치에 참여하더라는 것이다. 이는 포데모스에 젊은 당원과 정치인이 많은 이유 중 하나다. 아바티는 "정치에 무관심하던 청년들이 스마트폰 앱 등 디지털 도구를 활용해 쉽게 정치에 접근할 수 있게 되었다."면서 "디지털 도구는 적은 비용으로 이용할 수 있기에 젊은 신생 정당이 사람을 모으는 데 유용하다."고 말했다. 그는 본인이 개발한 사이트의 소스를 공개해, 비영리 목적이라면 세계 어디서나 활용할 수 있게 하고 있다.

'투명한 포데모스'(https://transparencia.podemos.info)라는 웹사이트에는 포데모스 의원·당직자 개개인의 구체적인 정보와 수입·지출 내역이 자세히 공개되어 있다. 기업 후원금을 받지 않는 포데모스는 "경제적 독립과 투명성이 정당에서 민주주의가 작동하는 데 필수 요소라고 믿기 때문에 자금 출처를 일일이 밝히고 있다."고 했다. 이 사이트를 보면, 포데모스 수입의 98.5퍼센트는 5유로(6천6백 원) 이상의 기부를 통해, 나머지는 자체 수익 활동으로 벌어들였음을 알 수 있다.

슈뢰더와 콜도 '청년 조직'에서 정치를 시작했다

한편 독일의 청년 정치는 정당에 기반을 둠으로써 한층 체계적으로 자리 잡았다. 독일 정치인은 청년 조직을 거쳐 자란다. 당내 청년 조직은 10대부터 토론을 통해 집단적 의견을 도출하고, 때로는 소속 정당과 싸우기도 한다. 이 과정에서 실력을 갖춘 거물 정치인이 탄생한다. 헬무트 콜Helmut Kohl과 게르하르트 슈뢰더Gerhard Schröder는 모두 이렇게 탄생했다. 정당의 청년 조직에서는 토론이 일상적으로 이뤄지며, 정책과 지도력을 둘러싼 경쟁도 자연스럽게 펼쳐진다. 중앙당의 '명령을 하달받아' 몸으로 뛰는 데 익숙한 한국 정당의 청년 조직과 대조를 이룬다.

정당은 '민주주의 학교'

2016년 2월 18일 베를린의 샤를로텐부르크 녹색당 청년 조직인 '녹색청년'을 찾았다. 10대 후반부터 20대까지 일곱 명의 청년들은 밤늦게까지 병맥주를 마시며 토론을 이어갔다.

대학에서 영화학을 전공하며 녹색당 지역 임원으로 활동하는 야나(19세)가 발표를 시작하자 다른 여섯 명의 청년들이 흰 벽에 쏘인 프레젠테이션 화면에 집중했다. 이날 주제는 '우파 입장에서 본 여성주의'였다. 자신들과 입장이 다른 사람들의 주장을 검토하려는 것이다. 야나는 "극우 정당들의 여성 당원·의원 수가 20퍼센트 수준에 불과하다."는 점을 먼저 지적했다. 한국은 20대 총선 여성 당선자가 17퍼센트(51명)에 불과하지만, 독일은 40퍼센트에 육박한다.

야나가 "그들은 여성은 예쁘게 보여야만 한다는 전형적 여성상에 머물러 있다. '독일의 어머니'라는 역할에만 충실하기를 바란다. 또 이민자들로부터 여성을 지켜야 한다고 주장하는데, 이는 나치 시대의 여성상을 답습하는 것이다."라고 주장하자, 프로그래머인 플로리안(26세)이 "극우 정당의 주장이어도 사회적인 영향을 미치므로 우리가 알아둘 필요가 있다."고 말했다.

리자 파우스 연방의원을 불러다 그리스 경제 위기에 관한 발표를 듣기도 했다. 2주에 한 차례씩은 지역의 성인 당원들과 함께 현안을 토론하고 동등하게 의사 결정에 참여한다. 전체 지역 모임에서도 극우 정당인 '독일을 위한 대안'AfD 관계자를 불러 유럽연합EU, 외국인, 난민, 동성애에 관한 입장을 듣는 자리를 마련하는 등 다양한 분야의 주제에 대해 이해를 높인다.

중·장년의 전유물인 한국 정치에서 청년들은 투표 외에 다른 정치 참여 방법을 찾지 못하고 있다. 선거 때 꼬박꼬박 투표해도 바뀌는 것은 없다고 여긴다. 정당 안팎에서 주체가 될 수 없는 한국의 청년들은 정치를 '나와 무관한 영역'으로 생각한다. 그러나 밤 11시 30분까지 이어진 녹색청년의 토론 모습에서 "정당은 민주주의 학교"라는 말의 뜻을 이해할 수 있었다.

참여해야 정치인이 된다

샤를로텐부르크 녹색당 청년 조직 모임은 매주 목요일 저녁에 열린다. 주로 학생과 직장인이지만 16세 고등학생도 모임에 나온다. 당별로 조금 차이가 있기는 하지만 보통 14세부터 청년 조직에 참여할 수 있다. 반드시 당원일 필요도 없다.

이날 모임에서는 다가올 베를린 지방선거에 어떻게 대응할지에 대한 이야기가 오갔다. 선거를 6개월 앞두고 각 당 후보자 선출 절차가 예정돼 있었다. 당원들이 모인 자리에서 소견을 발표하고 질문에 답하는 절차를 마친 뒤 1인 1표에 의한 투표를 거쳐야 후보자로 선출된다. 청년 조직은 직접 후보자를 내거나 특정 후보자에 대한 지지·반대 입장을 밝힌다.

비교적 일찍부터 정치를 경험한 이들은 "정치는 현실 문제를 바꿀 수단"이라고 입을 모았다. 녹색당 하인리히 뵐 재단에서 일하는 지몬(26세)은 "공동체의 복지를 위해 정치가 필요하다. 기회가 생기면 정치를 할 수도 있겠다고 생각한다."며 "청년 조직에서 활동하다 보면 정치인이 될 기회가 많은 편"이라고 말했다.

‘전략 공천’이라는 말은 없다

앞서 말했듯이, 독일 통일을 이룬 기독민주연합(기민련)의 콜 전 총리와 뒤이어 총리가 된 사회민주당(사민당)의 슈뢰더 전 총리는 모두 당 청년 조직 출신이다. 동서 냉전기 서독을 이끈 헬무트 슈미트Helmut Schmidt 전 총리도 마찬가지다. 일찍부터 다음 세대 정치인을 육성하는 데 관심을 기울인 독일 정당들은 정치 재단을 만들어 청년들의 정치 활동과 학업을 지원하고 있다. 어려서부터 정당을 통해 사람들을 만나면서 네트워크를 형성하고, 정당이 어떤 역할을 하는지 체험하며 총회를 열어 의사 결정을 한다. 함께 영화를 보고 차를 마시는 등 일상을 공유하는 공간이기도 하다. 현재 기민련 청년 조직(14~35세)에만 12만 명이 가입해 있다. 전체 당원 44만2천 명 중 27퍼센트에 이른다. 실제 가입한 청년 당원만 4만3천 명이다.

독일 연방의회에는 18세 의원을 포함해 40세 이하 의원이 전체 620명 중 90명이 넘는다. 10대 때부터 정당에 가입해 지역에서부터 활동하다 능력을 인정받으면 중앙 정계로 차근차근 진출하는 구조라 지방의회에는 젊은 의원이 훨씬 많다. 후보자가 되기 위한 중앙당 면접, 공천을 둘러싼 계파 갈등, 선거 직전 영입한 명사의 전략 공천 따위가 끼어들 여지가 없어 보였다.

베를린 의회에서 만난 기민련 소속 팀-크리스토퍼 첼렌 의원(32세)은 “의원이 되느냐 마느냐는 당원들이 결정”한다면서 “(전략 공천이 있다면) 당원들이 '너 누구야? 나는 너 몰라.' 하는 반응을 보일 것"이라며 웃었다. 그 또한 28세에 이미 비례대표 초선 의원이 되었고, 당 경선을 거쳐 지방선거 지역구 후보로 나서기도 했다.

'당내 야당' 역할을 하는 청년 조직

청년 조직은 소속 정당과 완전히 독립적으로 운영된다. 정당이 자금과 프로그램을 지원하지만 청년 조직은 독자적으로 시민사회단체와 연대하고 당의 공식 입장과는 다른 목소리를 내기도 한다. 별도의 선거 캠프를 차릴 수도 있다. 청년 조직을 "당내 야당"이라고 부르는 이유다.

옛 동독 지역인 베를린 프리드릭스하인은 주거 여건이 낙후해 건물주들이 강하게 재개발을 요구하고 있다. 녹색당은 이 지역에 유일한 지역구 연방의원을 두고 있고, 구청장도 녹색당 소속이다. 그러다 보니 건물주들의 입장을 외면하기 어려워 건물 리모델링을 하고 도시를 재구성하는 방식의 개발이 이뤄지고 있다. 하지만 청년 조직은 임대료 상승 등을 이유로 도시를 최대한 보존해야 한다고 주장한다.

난민 수용 문제도 청년 조직과 소속 정당의 입장이 다르다. 녹색당 베를린 청년 조직 대변인 크리스토프 후제만(27세)은 "지역 상황에 따라 난민에 대한 당의 입장이 왔다 갔다 하지만, 청년들은 모든 난민을 받아들여야 한다는 입장"이라고 했다.

다른 당원들이 관심을 덜 기울이는 청년 문제를 제기하기도 한다. 사민당 베를린 청년 조직 대표 아니카 클로제(23세)는 "당에 학생 저금리 대출을 시행하고, 선거 연령을 16세로 낮추라고 요구하고 있다."며 "이를 실현하기 위해 의회 밖에서 다른 정당의 청년 조직이나 청년 단체와 연대해 의회를 압박하고 있다."고 소개했다.

토론과 합의의 공간에서 양성되는 청년 정치가

그렇다면 정당 내에서 기성세대와 청년 조직의 입장이 다를 경우 어떤 결정을 내리게 될까? 다수결 이전에 구성원 간 합의를 중시하는 '숙의 민주주의' 성향이 강한 독일에서, 청년들은 하나같이 '토론'과 '합의'를 통해 결정해야 한다고 얘기했다.

첼렌 의원은 "당내에 학생, 청년, 중산층, 연장자 그룹들이 수십 개"라며 "당내 투쟁과 토론을 통해 가장 나은 해법을 얻는다."고 말했다. 클로제는 "지역에서부터 연방까지 아래에서 위로 올라가는 의사 결정 구조"라며 "청년들의 의견은 이 과정에서 자연히 반영된다."고 말했다. 후제만은 "정치적 쟁점을 두고는 대립이 일어날 수밖에 없다."며 "민주적으로 진행되는 위원회와 총회에서 함께 토론을 거쳐 결국 다수결로 당론이 결정된다."고 했다.

청년 조직을 통해 정당은 정강·정책을 홍보해 청년들의 지지를 확보하고, 청년들은 관심사에 대해 또래와 의견을 나누며 사회문제를 해결할 공간을 찾는다. 독일 청년들은 이런 작은 모임에서 장차 독일 사회를 이끌어 갈 정치인으로 커가고 있었다.

'재미'를 공약으로 내건 풍자당

독일에서도 기성 정치권에 대한 염증은 크지만, '결국 정치가 사회를 바꾼다.'는 인식은 견고한 편이다. '재미'를 통해 정치에 대한 흥미와 관심을 유지하려는 몸짓도 이어지고 있다. 풍자당은 2004년 풍자가 마르틴 조네보른Martin Hans Sonneborn(50세)이 38세에 창당했다. 당명은 '디 파르타이'Die PARTEI. 말 그대로 그냥 '당'이다. 당원은 2만 명으로, 50여 개 독일 정당 가운데 7위다. 당원들은 고등학생 이상 청년들이 대부분인데, 특히 고학력·저임금 청년들이 많다.

풍자당에 인터뷰를 요청하자 30세부터 당원으로 활동하고 있는 라르스 크라우제Lars Krause(42세)가 나왔다. 그는 긴 머리에 콧수염과 턱수염을 기르고 붉은 넥타이를 헐렁하게 매고 있었다. 크라우제는 20대 때 녹색당에서 활동했지만 사회당과 연립정부를 구성한 녹색당이 유고슬라비아 파병에 동의하자 지지를 철회하고 풍자당을 선택했다. 2010년에는 코트부스 시장 선거에 출마해 13퍼센트를 득표했다. '별다른 공약도 없고 법안에 명확한 찬성이나 반대도 없는데 이것도 정치라 할 수 있느냐?'는 기자의 질문에 그는 이렇게 대답했다.

> 공약만 내걸고 반대로 움직이거나 아무것도 하지 않는 기존 정당들을 비판하고자 한다. 하지만 우리의 행동이 네거티브 방식은 아니다. 즐겁게 정치에 참여하려 한다. 다투기만 하다가 선거 때가 되면 투표하라는 정치인들에게 지친 사람들이 증가하는 상황에서, (풍자당은) 이들을 투표장으로 나오게 하는 역할을 하고 있다.

풍자당의 지향점은 '재밌는 정치'다. 2014년 유럽의회 선거 당시 조네보른의 팸플릿 속 그의 얼굴에는 우스꽝스럽게 낙서가 돼있다. 그는 결국 유럽의회 의원으로 당선됐다. 그는 모든 안건에 한 번은 찬성표, 한 번은 반대표를 던진다. "아무런 힘도 없는 유럽의회를 풍자하기 위해서"다. 풍자당은 인종차별과 폭력에 반대하는 것 외에는 아무런 기조가 없다. 선거 때도 별다른 공약을 내걸지 않는다.

3부

한국의 청년 정치

장그래는 구고신을 찾지 않는다
한국 정치에 청년은 없다
'청년법'을 만들 때다

"이런 얘길 어디에 해야 할지……. 얘기한다고 해도 해결되지 않잖아요." 청년들은 부들부들 떨면서 가슴속에 사회에 대한 경고와 불만을 넓고 깊게 누적시키고 있었다. 그러나 그들은 정당, 시민 단체 심지어 친구들에게도 자신의 고통을 털어놓지 않는다고 했다. 청년에게 집적되어 있는 사회적 갈등과 문제를 공적 영역으로 의제화해야 할 정치 역시 아직 문제의 주위만 겉돌고 있다. 무엇이 문제일까? 청년의 정치적 힘을 결집시킬 '티핑 포인트'는 어디에 있을까?

장그래는 구고신을 찾지 않는다

<미생>의 주인공 장그래는 비정규직 청년이다. 고용이 불안정한 그에게 상사들은 "회사는 전쟁터이지만 밖은 지옥"이라고 말한다. 버티는 것 외에 답이 없다. <송곳>의 구고신은 "다음 한 발이 절벽일지 모른다는 공포" 속에 사는 노무사다. 그는 "껍데기 밖으로 기어이 한 걸음 내딛고 마는 송곳 같은 인간"을 기다린다. 장그래가 구고신을 만난다면 정규직이라는 '희망'을 찾을 수 있을까?

장그래가 구고신을 찾지 않는 이유

"버티는 게 이기는 거다." 드라마로 만들어진 웹툰 〈미생〉의 주인공 장그래는 비정규직 청년이다. 고용이 불안정한 그에게 상사들은 "회사는 전쟁터이지만 밖은 지옥"이라고 말한다. 버티는 것 외에 답이 없다. 설령 일이 꼬여도 장그래는 남 탓을 하지 않는다. "탓할 게 있나요? 제가 부족한 것투성이인데."라며 자신에게 엄격하다.

역시 웹툰을 각색한 드라마 〈송곳〉의 구고신은 "다음 한 발이 절벽일지 모른다는 공포" 속에 사는 노무사다. 고문을 당해 후유증에 시달리지만 노동운동을 계속한다. 하지만 공포 속에서도 그는 "껍데기 밖으로 기어이 한 걸음 내딛고 마는 송곳 같은 인간"을 기다린다. 그는 〈송곳〉의 주인공 이수인에게 싸우는 법을 가르쳐주는 조력자다.

장그래가 구고신을 만난다면 정규직이라는 '희망'을 찾을 수 있을까? 어쩌면 가능할지 모른다. 고등학교를 졸업하고 공단에서 파견직으로 일하고 있는 이 모 씨(25세)에게는 고등학교 선생님이 '구고신'이었다. 이 씨가 경험한 임금 체불이 부당하다고 말해 준 사람은 선생님이 처음이었다. 이 씨는 선생님이 소개해 준 기관을 통해 문제를 해결했다.

하지만 대부분의 장그래에게는 구고신이 없다. 노동조건의 개선은커녕 사회참여의 첫발을 디디도록 이끌어 줄 이도 없다. 설령 구고신의 존재를 확인한다 해도, 현실의 장그래들은 불이익을 받을까 싶어 구고신을 모른 체한다. 간혹 만남이 성사되더라도 장그래는 구고신에게서 이내 등을 돌리고 만다. 이들의 분노는 거대한 파도처럼 SNS를 덮치고 있지만, 현실을 변화시키는 '정치의 장'으로까지는 뻗지 못하고 있다. 장그래가 구고신을 찾지 않는, 청년이 참여의 정치를 스스로 배제하는 이유는 무엇일까?

집회에 나가려면 내가 감당해야 할 생존비가 너무 비싸다.

김주영 씨(가명, 28세)는 집회 현장에 나서기가 꺼려진 이유를 이렇게 말했다. 2007년 대학에 입학했을 때만 해도 김 씨는 사회 참여 의지가 컸다. 2008년 촛불 집회는 물론이고 2014년 세월호 추모 집회에도 참여했다. 자리를 채우는 것만으로도 사회 변화의 흐름에 도움이 될 것이라 생각했다. 하지만 그는 고시를 준비하면서 "분노를 단념"했다고 했다.

대학에 진학한 2011년부터 꾸준히 집회에 참석했던 대학원생 이윤영 씨(가명, 25세)도 언제부턴가 집회 현장으로 향하던 발길을 끊었다. 학과 공부와 패스트푸드점 아르바이트만으로도 일정이 빠듯했기 때문이다. 그는 "어떤 메시지를 사회적으로 퍼뜨리는 데 기여하고 있다는 생각으로 집회에 참여했었다."며 "하지만 최근에는 1주일 단위로 알바 근무를 짜야 하기 때문에 시간 내기가 어렵다."고 했다.

장그래는 구고신을 눈여겨볼 여력이 없다. 취업이라는 현실의 좁은 문 앞에 선 청년들은 시간도, 돈도, 여유도 없다. 한 청년 단체 활동가는 "지금의 청년들은 유년기에 외환 위기 등을 거치며 체제 안에서 살아남아야 한다는 것을 몸에 새겼다. 먹고사는 문제가 해결되지 않으면 사유도 쉽지 않다. 이런 상황에서 구고신은 있으나마나다."라고 말했다.

해서 얻을 것은 크지 않아 보이는데 잃을 것은 너무 많다.

자신을 "사실상 마지막 운동권"이라고 생각하는 오성욱 씨(가명, 29세)는 이렇게 말했다. 그가 다니는 회사에는 노조가 없다. 해가 바뀔 때마다 만족할 만한 임금 상승을 기대하지만 번번이 좌절됐다. 불만은 쌓여 갔지만 오 씨는 행동에 나설 생각이 없다. "회사 내부에서 반기를 들어봐야 정작 바꿀 수 있는 것은 크지 않고 사내 평판만 나빠질 것"이라고 했다.

집회를 비롯한 문제 제기 행동에 나섰을 때 강경 대응을 맛보고 나면 어쩔 수 없이 위축되고 만다. 지방의 회사원 정서현 씨(가명, 25세)는 2016년 초 경찰의 소환 통보를 받았다. 2015년 서울에서 열린 민중 총궐기 당시 찍힌 사진에 그의 얼굴이 포착됐다는 이유였다. 하지만 정 씨는 그날 서울에 간 일이 없었다. 경찰이 정 씨와 닮은 인물을 그로 착각해 빚어진 해프닝이었다. 정 씨는 "국가기관에서 내 얼굴을 알고 있다는 사실에 충격을 받았다."며 "그날 이후로 트위터에 글 쓰는 것조차 조심스럽다."고 말했다.

사회참여로 변화를 이끌어 낸 경험이 없다는 점도 구고신을 만나기를 주저하는 이유다. 공공 기관에서 근무하는 김석영 씨(가명, 26세)는 "뭘 하려고 해도 주변에서 '네가 그렇게 해봤자 아무것도 안 바뀐다.'고 말한다."고 했다. 구고신을 외면한 장그래는 제도 정치 역시 내 얘기를 들어주지 않고, 내 문제에 답을 주지도 못하고 있다는 것을 잘 알고 있다. 그래서 더 자신 안에만 갇히고, 목소리는 작아진다.

아직도 깃발의 시대인 줄 안다.

고등학생일 때부터 틈틈이 집회에 참여한 대학생 이상윤 씨(26세)의 말이다. 당시 사람들은 모두 촛불을 들었다. 하지만 '깃발'은 여전히 나부꼈고, 이마의 빨강 띠와 민중가요는 그 자리에 그대로 있었다. 이 씨는 "깃발은 거기에 소속된 사람들을 모이게 하지만, 촛불은 어디에도 속해 있지 않은 사람들이 들 수 있는 것"이라며 "깃발 아래 뭉치자고 해봤자 권위주의적인 학생운동 문화에 대한 거부감만 커질 뿐"이라고 말했다.

2008년 고등학교 2학년 때 미국 쇠고기 수입 반대 집회에 참여했던 '촛불소녀' 권성혜 씨(25세)는 갓 대학에 입학했을 때만 해도 학생회 선배들과 어울렸다. 집회 때는 1학년 동기들과 율동을 했고, 농활에 참가해 민중가요를 불렀다. 하지만 농활 현장에서 권 씨가 선배보다 먼저 음료수를 마신 것이 화근이 됐다. 선배는 "왜 선배부터 주지 않느냐?"고 따졌다. 권 씨는 그날부터 학생회 선배들과 급격히 멀어졌다.

사회참여의 발을 디뎠던 장그래들조차 결국 구고신과 함께하지 못하고 키보드로 분노를 표출할 수밖에 없는 구조는 이렇게 만들어진다. 이 상황에서 '광장에 나와라', '투표하라.'는 요구는 자신들이 갇혀 있는 현실을 보지 못하는 '꼰대'의 지시로 읽힐 뿐이다.

1980년대생들이 유년기에 외환 위기를 거치며 '공포 트라우마'를 갖게 됐다고 분석한 『트라우마 한국 사회』의 저자인 김태형 '심리 연구소 함께' 소장은 "1980년대 대학생들은 '과'라는 단위가 결속력이 강한 공동체였지만, 현재는 개별화돼 있다."며 "이제는 한국 사회에 문제가 있다는 인식이 생겼기 때문에 정치적인 변화나 희망을 주는 흐름이 생기면 분노로 나타날 수 있다."고 말했다.

이율배반적 기성세대는 청년들 눈에 '꼰대'로 보인다

2016년 1월에 만난 김건호 씨(가명)가 아들의 일기장을 보여주었다. 아들이 인터넷 커뮤니티 '디시 인사이드'에 고민을 상담했던 내용이다.

과 적응을 못해서 과 사람들하고 안 친해요. 과에서 '왕따' 아웃사이더입니다. 제 잘못이지만 공부도 열심히 안 했습니다. 제가 제대로 할 줄 아는 게 하나도 없다는 생각이 듭니다. 사람들하고도 안 친하고 할 줄 아는 게 제대로 없는, 간판만 대학생인 저는 어떻게 해야 하나요?

글 아래에는 "언제부터 ○○갤이 한심한 대학생 상담소로 전락했지?", "네가 열정 없는 거 뻔히 다 보이는데 우리보고 어쩌라고", "대인관계고 나발이고 학점 관리 안 할 거야?"라는 댓글이 달렸다. 2014년 당시 24세였던, 김 씨의 아들은 인터넷에서 다른 청년을 만나 함께 목숨을 끊었다.

"난 도대체 뭘 했을까?" 김 씨는 자신과 자신 세대가 살아온 궤적이 아들을 죽음으로 내몰았다고 생각했다. 1980년대 민주화 운동 때 민주통일민중운동연합(민통련)에서 활동한 '386세대'로, 나름대로 좋은 사회를 만들고자 노력했다고 생각했는데 모두 무너져 버린 것이다. 군사독재 정권에 맞서 민주주의를 이끌어냈고, 사회에 비판적이고 탈권위적이며 개혁 지향적이라고 하는 386세대가 만든 곳은 여전히 누군가에게는 끔찍한 세상이었다. '천재는 99퍼센트가 노력'이라는 말을 믿으라고 하면서, 정작 그렇게 믿으면 바보가 되는 세상을 기성세대가 만들어 놓았다는 것이다. "386세대가 반성해야 한다."는 김 씨의 말은 그래서 결코 가볍게 들리지 않는다.

"괴물과 싸우는 사람은 그 싸움 속에서 자신이 괴물이 되지 않도록 조심해야 한다는 말이 있잖아요." 김 씨는 386세대는 반대로 갔다고 했다. "박정희와 전두환이라는 깨지지 않을 것 같던 권력과 싸운 사람들이 다 괴물이 되어 버렸다."는 것이다. "길거리 투쟁은 해보지도 않았으면서 이름 좀 얻으면 정치권에 가는 거예요. 호랑이 잡으러 호랑이 굴에 가야 된다지만, 실제로 호랑이 굴이라도 들어갔는지 의문이며, 들어가서 호랑이를 잡았다는 얘기도 들어 본 적이 없어요. 386세대가 민주주의라고 포장돼 있는 승자 독식주의를 고착화시킨 겁니다."

그는 현재의 한국 사회를 만든 것은 결국 기성세대인 386세대라고 말했다. 물질만 좇다 보니 경쟁의식과 나만 잘돼야 한다는 가치관이 사회 전반에 뿌리내렸다. 비정규직은 늘어났고 해고는 갈수록 유연해졌다. 거대 공룡 재벌들을 탄생시키면서 경제 발전을 이뤘지만, 그 결과 남은 것은 심각한 사회 불평등 구조였다.

또한 이율배반적인 어른들의 모습은 계속됐다. 사교육 과열 풍토를 걱정하면서 자기 자식은 누구보다 먼저 사교육을 받게 하고, 정부의 토건 사업을 비판하면서도 부동산을 찾으러 돌아다닌다. 김 씨는 "완전히 모순이다. 그 모순에 386세대가 가담하고 있는 것"이라며 "그렇다고 해서 자기 자식이 출세하고 성공하느냐 하면, 그건 아니다. 근데 거기 동참하지 않으면 뒤처질까 봐

하는 것"이라고 말했다.

누구든 지도자가 되려고만 했지 현실을 바꾸려 하지 않는다. 게다가 '안 되면 되게 하라', '나와 맞지 않으면 나가라.'는 식의 권위주의와 군사주의 문화는 여전히 남아 있다. 목적을 달성하기 위해 어느 정도의 폭력은 용인되고 과정은 생략해도 된다는 시각은 지금의 청년들에게 구태의연해 보일 뿐이다. 그런 상황에서 청년들에게 이래라저래라 해봤자 '꼰대'로밖에는 보이지 않는다. "기성세대라면 제대로 싸우든지, 문제가 해결될 때까지 덤벼 봐야 하는데 안 하고 있어요. 기성세대 스스로 혁신적으로 바뀔 수 있다고 믿지 않는 것 같아요. 그러니까 남보다 조금 정의로운 행동을 하는 것으로 자족하면서 넘겨 버리는 거죠." 김 씨는 세월호 참사나 국정교과서 등 큰 사회적 사건이 일어났을 때 시민사회가 제대로 풀어 가지 못한 것도 모두 이와 연결돼 있다고 봤다.

"투표 잘하면 세상이 바뀐다?" 김 씨는 말도 안 된다고 했다. 선거는 로또가 아니다. 되레 정치권은 더 나은 사회를 만들려는 대안은 없이 권력 선택만을 강요해 왔다. 김 씨의 대안은 하나다. 386세대가 희생을 곧바로 실천하는 것이다. 그 희생은 '진솔한 대화'에서 시작한다. 청년이 정말 원하는 것이 무엇인지를 386세대가 들어 보는 것이다. 그리고 386세대가 먼저 청년들에게 미안해하고, 미안한 것을 소중하게 표현하며, 청년들과 함께할 수 있는 것을 실행하자고 그는 말한다.

가장 절절하게 민주화 운동의 현장에 있었고 고문으로 쓰러져 죽은 동료, 최루탄에 맞아 죽은 동료를 다 봤는데……. 민주화를 이뤘다고 하지만 된 게 뭐냐는 거예요. 아무것도 안 했던 것 같아요. 그러니까 지금 이러고 있는 거죠. 이렇게 되려고 청춘을 바쳤나요? '아빠, 지금이라도 잠깐만 서봐.'라고 아들이 말하는 것 같아요. 내 아들을 잃었기 때문이 아니라 사실은 나 자신도 문제가 있다는 것을 아들을 통해 알게 된 거예요. 아들을 잃고서야 보이기 시작한 것이 많아요. 아들에게 너무 미안합니다…….

청년 활동가들, 386세대를 말하다

분노는 쌓일 대로 쌓였다. 교육비, 등록금, 주거, 질 낮은 일자리까지 한국 사회의 병폐들이 청년들 앞에 집적되어 그들을 짓누르고 있다. 그럼에도 정치적 목소리로는 잘 치환되지 않는다. 청년들의 욕구가 제대로 수용되지 않는 이유는 이 사회의 혈관 어딘가가 막혀 있기 때문은 아닐까? 그래서 시민 단체, 정당, 노조 등에서 활동해 온 청년들의 이야기를 들었다.

시민사회 세력과 진보·개혁 진영의 주도권은 아직 '87년 체제'를 만든 386세대에 있다. 그들과 얘기를 나누고 부대끼며 활동하고 있는 청년들은 386세대의 '나만 옳다.'는 아집, 후배 양성 의지 부족, 경제·생활 의제에 대한 무관심에 불만을 토했다. 하지만 386세대를 자극해 변화를 이끌어 낼 과제는 결국 청년 세대에 있다고 결론 내렸다. 386들이 그들에게는 매일 얼굴을 맞대고 일해야 하는 '선배'임을 고려해 토론회는 익명으로 진행됐다.

청년을 주체로 여기지 않는 '386 엘리트'

사회자 '부들부들 청년' 기획을 취재하면서 1천 명 가까운 청년들을 만났다. 기성세대는 지금의 청년 세대가 에너지가 없다고 하는데 그렇지 않다는 것을 느꼈다. 오히려 '왜 그들의 에너지가 분출되지 않는 걸까?' 하는 고민을 많이 했다. 지금의 정당, 노조, 시민 단체는 1987년 민주화 이후 386세대가 이끌어 가고 있다. 이 조직들에 새로 유입된 청년 세대의 에너지와 목소리가 그들과 잘 섞이고 있지 않는 것도 그 이유가 아닐까 싶었다.

이생성 시민 단체에서 일하고 있다. '이생망', 즉 '이번 생은 망했다'를 뒤집어서 '이번 생은 성공'이라는 의미로 닉네임을 지어 봤다. 기업으로 따지면 부장급 이상에 이른바 386세대가 포진해 있다. 문제는 이들이 '내가 곧 진리'라고 생각한다는 점이다. 자신이 생각하는 어떤 틀에서 조금이라도 벗어나면 잘못되었다고 여긴다. 이런 태도가 (청년들끼리 모여 만든) 청년유니온이나 민달팽이유니온 등에 밀릴 수밖에 없는 이유라고 생각한다. 물론 2000년대에는 (386세대가 만든 시민 단체가) 잘나갔다. 하지만 이제는 새로운 세대의 고민을 받아들여 새로운 도전을 해야 하는데 무조건 자신이 맞는다는 생각 때문에 가로막힌다.

금치산자 교육 관련 시민 단체에서 활동해 왔다. 금치산자라는 닉네임은 내가 그렇게 취급받는 느낌이라 지었다. 386세대가 민주화를 이뤄 내기는 했지만 권위주의적 문화가 (386세대의) 운동권 내부에 아직까지 기생하고 있다는 생각이 든다.

꿀벌대소동 닉네임은 조직에서 꿀벌처럼 열심히, 소란스럽게 일하는 내 모습을 담았다. 노조에서 일하다 보면, 청년 세대를 주체로 여기지 않는 느낌을 받는다. 그들은 젊은 활동가들을 보며 두 가지 반응을 보인다. '기특하다.' 아니면 '도전 정신이 없다.' 늘 청년 세대는 그들에게 평가받는 대상으로 치부된다. 아이러니하게도, 세상을 비판할 때 자신들은 제3자인 듯 말하면서, '어쨌든 청년들이 해결해야 한다.'고 한다. (청년을) 주체로 인정하지는 않으면서 떠밀기만 하는 격이다.

동수 예전에 유명했던 개그 중에 투명 인간을 뜻하는 동수가 내 모습과 닮은 것 같다. 정당과 의원실에서 두루 일했다. 그래서 386세대 정치인들을 가까이에서 살필 기회가 많았는데 '자기애'가 너무 강하다. 그러다 보니 자신이 설득해야 할 사람을 설득하지 않고 그저 결론만 제시하고 일방 통행하는 경우가 많다. 현재 야권의 386세대 정치인들이 저마다 뛰어나지만 큰 힘을 발휘하지 못하는 이유라고 본다. 술자리에서조차 자기애가 강해 자기 얘기만 늘어놓기 일쑤다.

정미도 정당에도 있었고 또래 청년들과 단체를 만들어 일하고 있다. 닉네임은 '정다운 미녀 도지사'라는 뜻으로, 나의 바람을 담았다. 386세대 정치인들이 청년 이슈를 대하는 방식을 보면 소통 의지가 있는지 궁금해진다. 어떤 의원은, 청년들은 대기업만 원한다고 생각하더라. 대기업에 갈 수 있는 이들은 전체 청년의 5퍼센트에 불과함에도 말이다.

후배 키우고 경험 물려주는 데는 야박한 그들

이생성 386 선배들이 "우리 때는 학교도 거의 안 갔다. 만날 운동했다. 그래서 지금 이 사회가 있는 거다."라고 말한다. 술도 안 마시고 그런 얘기하면 나는 차라리 술을 마시고 싶을 정도로 화가 난다. 무조건 투표하라는 얘기만 해도 그렇다. 청년들이 투표하려면 투표할 시간을 주는 것이 먼저다. 등록금 때문에 열심히 아르바이트 뛰어야 하는 친구들이 많고 투표하려면 어느 정도 생각할 시간도 있어야 하는데……. 그런 시간을 할애할 여유가 없는 청년 세대의 처지를 생각하지 않는 듯하다. 단체 내의 문제로 돌아가면, 386세대가 후배에게 단체 활동을 물려줘야 하는데 독식한다는 느낌을 받는다. 토론회, 정책 간담회, 국회에

무슨 위원이나 패널로 간다든가……. 후배들에게도 기회를 줘야 경험도 쌓고 인맥도 넓어지는데, 청년들에게는 그럴 기회가 차단되기 일쑤다.

피에로 노조 활동 경험이 있고 지금도 시민 단체에서 활동하고 있다. 좋아하는 영화 〈미치광이 피에로〉를 따 닉네임을 지었다. 얘기를 듣다 보니 나는 좋은 선배들과 일하고 있는 듯하다. 내가 경험한 386세대는 정치권에 나가는 등 주류화된 이들이 아니고 묵묵히 노동운동을 하는 이들이었다. 그런데 그들을 보면서 답답함을 느낄 때가 있다. '뭔가 해야겠다.'는 강렬한 것이 많이 없어진 듯하다. 용기를 잘 내지 않는다는 느낌도 받는다. 어쨌든 그들에게 '실패의 경험'이 있다면 이를 잘 쌓아서 전달해 줬으면 좋겠는데, 술자리에서만 얘기가 나올 뿐 경험의 데이터베이스라고 할 만한 것이 없다.

사회자 386세대가 후배들에게 뭔가를 물려줄 의지가 약하다고 느낄 때가 많은가?

정미도 후배를 키우는 데 야박한 것 같다.

이생성 시민운동은 결국 사람을 키우는 일이다. 유명하고 큰 시민단체에도, 예전만큼 뽑지는 않지만, 청년들이 없는 것은 아니다. 하지만 (청년 이슈와 관련해) 작성된 보도 자료의 양을 비교해 보면, 메이저급 단체들보다 오히려 청년 단체들이 훨씬 활력 있게 움직이면서 청년들의 욕구를 반영하려 노력한다.

동수 요즘 국회 내부의 최대 안건은 승진이 안 된다는 거다. 386층이 두껍게 쌓여 있다. 그러다 보니 20대끼리만 서로 '판 갈이' 하고 있다. 유난히 정치권에서 그렇다.

금치산자 기업에서 일어나는 '성과 가로채기' 같은 상황을 겪을 때가 있다. 호소력 있는 성명서를 써서 많이 보도되고 바깥에서 반응이 좋았는데 정작 인터뷰는 사무처장이나 대표가 한다.

경제 권력에 맞서는 386 정치인 있나

꿀벌대소동 '386세대와 왜 말이 안 통할까?' 하고 생각해 보니 대항해야 하는 시스템이 달라졌다. 과거 향수에 매몰돼 지금의 시대와 맞지 않는 의제에만 골몰하는 듯하다. 신자유주의 물결과 무한 경쟁에 시달리는 고통이 문제인데, 이런 의제를 많이 놓쳤다.

정미도 청년들에게 정치의 힘을 체감할 수 있게 해줘야 한다. 더구나 지금의 청년은 각자의 삶을 중시하는 세대다. 그러려면 장학금처럼 그들에게 중요한 문제를 다뤄야 한다.

금치산자 〈송곳〉에 나오는 얘기가 있지 않은가. "서는 데가 달라지면 보이는 풍경이 달라진다."고. 386세대는 '마이홈·마이카 세대'다. 지금 우리가 처한 상황을 바라보는 시선이 근본적으로 다르지 않을까? 어쩌면 지금의 386세대도 패배한 것이 아닐까 싶다. 정치권력은 어느 정도 잡았지만 이제는 경제 권력이 강력한 시대다. 어떻게 보면 386세대와 우리 앞에 (경제 권력이라는) 공동의 적이 서있는 것이 아닐까 싶다.

사회자 경제 권력에 강하게 저항하는 386 정치인을 꼽으라면 누가 있을까?

참석자들 거의 없다.

이생성 과거 386세대는 독재 정권과 싸웠지만 지금은 기업과 싸워야 한다. 법이 어떻게 만들어지나? 기업 법무팀에서 만들고 법무 법인에 넘기면 그들이 국회에 가서 로비한다. 이런 세상을 만든 이들이 386세대라고 단정할 수는 없겠지만, 이제는 국민을 대변할 세력이 달라져야 한다고 생각한다.

세대·판·문화, 교체가 급하다

꿀벌대소동 우리 세대가 개인주의에 젖어 있다고 해서 고민하지 않거나 힘이 없지는 않다고 본다. 청년들이 정치 세력화되도록 새로운 문화를 만들고 (386세대를) 교체할 시기라고 본다. 나는 나 자신과 내 또래가 그 주체여야 한다고 본다. 과거 386세대 운동권과는 상황이 달라졌고 지적해야 할 이슈도 달라졌다. 판 자체를 새로 짜야 한다고 본다.

피에로 얼마 전 또래 활동가들과 얘기했던 것이 있다. "더는 선배들한테 기대하기 힘들다. 우리가 이슈를 만들어야 한다."는 것이었다. 예를 들어, 민주노총에서 '10년 비전' 같은 것을 세우고 과감하게 50억원 정도 투자해 청년 활동가를 많이 채용하는 방식으로 나아가야 한다고 본다. 큰 집회 한 번 안 하더라도 그런 투자가 낫다. 물론 청년유니온·민달팽이유니온처럼 바깥에서 활동하는 시도도 의미 있다. 하지만 아무리 구질구질해도 기존 조직에 들어가 세대교체를 해야 한다고 생각한다.

정미도 정치권의 386세대들은 미안하다고만 할 것이 아니라 적극 나서야 한다. 나는 국회의 386들과 발전적인 토론을 하고 싶다. 우리 세대도 노력하겠지만 그들도 적극적으로 (청년들의 문제에) 개입하라고 말하고 싶다.

피에로 사실 나는 386세대에 대해 이제는 관심이 없어졌다. 우리가 뭘 하느냐가 더 중요하다. 자기 세대 중심으로 얘기하는 관성, 즉 386세대의 '주인공 병'이 있는데, 자꾸 그들의 문제를 얘기하면 우리 세대의 주체성이 떨어질 것 같다. 그냥 '당신들은 이제 주인공이 아냐.'라고 얘기하면 된다고 본다.

한국 정치에 청년은 없다

청년 문제가 한국 사회의 화두가 되면서 '청년 정치'를
호명하는 목소리는 더 커졌다. 그럼에도 정당에서
청년 정치인을 받아들이려는 노력을 찾아보기 어렵다.
청년은 왜 국회에 들어가기 힘들까? 청년은 왜 정치의 중심에
서지 못할까? 청년 문제를 푸는 정치는 불가능한가? 그 답을
찾기엔 한국 정치에서 비어 있는 '청년'의 공간이 아직
너무 크다.

'청년 마케팅' 이후에 벌어진 일들

2012년 제19대 총선을 돌아보면, 그야말로 '청년'이 화두였다. 당시 새누리당은 이준석·손수조 씨를 내세워 청년 마케팅에 나섰고 민주당은 오디션 선발 방식으로 청년 비례대표를 선발해 당시 김광진·장하나 의원이 국회에 입성했다.★ 반값 등록금이나 청년 실업 등의 이슈들도 터져 나왔다.

그러나 뚜렷한 변화는 없었다. 2017년 5월 기준 15~29세 인구의 실업률은 9.3퍼센트였는데, 이들의 체감 실업률은 22.9퍼센트를 기록했다(통계청 자료). 2015년 처음으로 직장을 잡은 청년 4백만 명 가운데 20.3퍼센트(81만2천 명)가 1년 이하 계약직이었다. '나쁜 일자리'만 많아지고 청년의 고통은 더 심각해졌다. 그동안 정치는 무엇을 한 것일까?

회기를 마친 19대 국회의 청년 관련 법안들을 살펴보면 다음과 같다. 대표 발의해 본회의에서 최종 통과되거나, 통과된 법에 반영된 법안 5,288건(2016년 3월 17일 기준) 가운데 군인·여성 등까지 포함해 청년에게 직간접적으로 영향을 끼치는 법안은 643건(12.2퍼센트)으로 파악된다. 643건이라는 수치는 일견 많아 보

★ 이하 정당명과 의원직 표기는 19대 국회를 기준으로 했다.

이지만, 면밀히 내용을 들여다보면 청년들의 사회적 불평등 문제를 구조적으로 풀 수 있도록 제정된 법은 없었다. 제한된 범위에서 지원 금액이나 세제 혜택을 '찔끔' 늘린 것이 대부분이다. 복합적 처방이 필요한 청년 문제를 어떤 방법으로 해결해야 하는지에 대한 고민이 부족했음이 극단적으로 드러났다.

가령 '괜찮은 일자리'를 늘리려면 일자리의 대부분을 책임지고 있는 중소기업 임금을 끌어올려야 한다. 청년에게 영향을 끼치는 법안 가운데 중소기업 관련 법안이 가장 많았던 새누리당은 중소기업에 대한 규제를 완화하고 세제를 지원한다는 접근법이 두드러졌다. 그러나 이런 방식으로 중소기업에 지원할 경우 곧바로 임금이 상승할지는 불명확하다. 과녁을 명확히 조준하지 않고 화살만 쏘아 댄 격이다.

중소기업 일자리를 좋아지게 하려면, 대기업의 '납품 단가 후려치기' 등 '갑질'을 강력히 제재해야 한다. 당시 민주당은 불공정 거래 규제에 방점을 찍었다. 기업 생태계 질서에 관한 새누리당의 법안이 19건이었던 데 비해, 민주당은 30건을 발의했다. 하지만 비뚤어진 대기업과 중소기업 간 구조를 바꾸기에는 미약했다. 대기업 등으로부터 일감을 받는 '수탁기업'의 권익을 위해 '수탁기업협의회를 활성화하자'(〈대·중소기업 상생협력 촉진에 관한 법률〉 일부 개정 법률안, 김우남 의원 대표 발의)는 차원에 머물러 한계가 있었다.

정의당은 종합과세 대상 금융 소득 기준을 2천만 원에서 1천만 원으로 하향하는 등 금융 소득에 대한 과세를 강화하는 법안(〈소득세법〉 일부 개정 법률안, 박원석 의원 대표 발의)을 내 세금을 통한 불평등 완화에 신경 쓰는 모습을 보였다.

청년을 살리는 법은 부족했다

일자리 창출 분야를 보면, 새누리당의 법안은 주로 '창업'과 연계되었다. 대학 안에 창업 지원 업무를 총괄하는 창업보육센터를 설치하는 〈중소기업창업 지원법〉 일부 개정 법률안(이현재 새누리당 의원 발의)이나 온라인을 통한 소액 증권 공모가 가능한 크라우드 펀딩을 통해 창업 기업의 자금 조달을 용이하게 하는 〈자본시장과 금융투자업에 관한 법률〉 일부 개정 법률안(김상민 새누리당 의원 발의)이 그 예다. 민주당은 일자리 창출 방법의 일환으로 협동조합 지원을 촉진하는 법안을 냈지만, 그 밖에는 전반적으로 일자리 창출 관련 법안에 소홀했다.

당시 민주당 등을 비롯한 야당은 일자리 숫자가 문제가 아니라 '괜찮은 일자리'가 많아져야 한다고 주장해 왔다. 불안정한 저임금 일자리를 줄이자는 것이다. 그러나 최종적으로 본회의에서 처리된 법안을 살펴보면, 파견·하청 노동자의 처우를 개선할 법안은 거의 없었다. 비정규직의 정규직 전환 비율을 공공 기관 공시에 넣고 경영 실적 평가에 반영한다는 법안(〈공공기관의 운영에 관한 법률〉 일부 개정 법률안, 박남춘 의원 대표 발의)이 눈에 띄었을 뿐, 민주당이 발의한 파견·하청 노동 관련 법안은 대부분 '계류' 상태였다.

주거 문제에 대한 접근 방식도 유사했다. 당시 새누리당은 임대 사업자 또는 민간 부동산 회사에 세제 혜택을 제공해 임대주택을 확보하려 했다. 19대 총선 때 새누리당은 불필요한 비과세, 감면 제도를 대폭 정비하겠다고 했지만 그런 내용은 없었다. 오히려 부동산 경기 활성화를 위해 주택 거래에 따른 취득세 부담을 완화하는 법안(황영철 새누리당 의원 발의)을 냈다. '하우스 푸어' 지원을 위해 9억 원 이하 주택을 취득한 뒤 5년 이내에 양도할 경우 양도소득세를 전액 면제하는 법안(나성린 새누리당 의원 발의)도 있었다. 법안 취지란에는 '주거 안정'을 내걸었는데, 정작 내용을 보면 집값만 올릴 우려가 있는 법안들이었다. 민주당도 본회의에서 처리된 주거 법안을 살펴보면 새누리당과 큰 차이는 없었다. 기존에 자율적으로 부과했던 공공 임대주택 임대료를, 가구 소득을 고려해 차등 부과하도록 강제하는 법안(남인순 의원 대표 발의) 정도가 눈에 띄었다.

물론 양질의 청년 관련 법안이 논의되기도 했다. 2015년 말 국회 환경노동위원회는 대기업이 청년을 의무 고용도록 하는 법안을 심사했다. 이 법안이 최초 발의된 것은 19대 국회의원 임기가 시작된 2012년 5월 30일이었다. 하지만 환경노동위원회 법안 심사는 임기 종료 6개월을 앞두고서야 처음으로 열렸다. 19

대 국회 임기 동안 이 법안을 대표 발의한 의원만 열네 명에 이른다. 새누리당 윤영석 의원이 가장 먼저 법안을 냈고, 그 뒤를 같은 당 김태원 의원이 따랐다. 현행 법안은 공공 기관에만 정원의 3퍼센트만큼 청년을 의무 고용토록 하고 있지만, 두 의원은 정원의 5퍼센트만큼 의무 고용토록 확대하고 대기업에도 이를 적용해야 한다고 주장했다. 당시 민주당의 문재인·장하나 의원, 정의당의 심상정 의원도 발의자였다.

법안 심사 분위기도 처음에는 나쁘지 않았다. 민주당 은수미 의원이 "청년이 다른 계층에 비해 훨씬 더 많이 실업이나 불안에 시달리고 있기 때문에 청년들에게 과감한 특혜를 줄 필요가 있다."고 말하자, 새누리당 이완영 의원도 "(특혜를) 늘려도 좋다는 생각을 하고 있다."며 동의했다. 하지만 "다른 계층에 대한 불이익 문제가 발생할 수 있다."는 정부 측 의견이 나오자 상황이 달라졌다. 새누리당 권성동 의원은 "노동부에서 제시한 의견에 동의한다."며 제동을 걸었다. 결국 이 법안에 대해서는 아무 결론이 나지 않았다.

그 밖에 청년 비례로 여의도에 입성했던 민주당 김광진 의원은 '기숙사가 부족한 대학의 경우 기숙사를 짓는 데만 건축 적립금을 사용하도록' 하는 법안을 냈다. 청년 주거 문제에 직접 영향을 미칠 수 있는 법안이었다. 같은 당 장하나 의원은 '노동시간 단축을 사용자에게 강제할 수 있는 법안'과 '선거 연령을 하향 조정하는 법안'을 냈다. 장 의원은 스물일곱 건의 청년 관련 정책을 발의했지만 단 두 건만 국회에서 처리됐다. 새누리당 김상민 의원도 정치·경제·사회 등 모든 분야에서 청년 참여를 촉진하는 '청년발전기본법안' 등 열한 건의 청년 관련 정책을 냈지만 세 건만 처리되는 데 그쳤다.

청년을 품지 못하는 정당

모두가 '청년 문제'를 이야기하지만 실망스러운 결과로 이어지는 악순환은 어디에 기인할까? 우선 당사자의 요구가 제대로 반영되지 못하게 되어 있는 대표성의 한계에 원인이 있다. 대개 자신이 유사한 일을 겪었거나 가까이서 면밀히 지켜봐야 타인의 고통을 이해할 수 있다. 시민은 물론 일반 당원의 목소리조차 당 지도부에 전달되는 통로가 빈약한 한국 정당의 현실을 고려하면, 국회의원 각자의 전문성과 경험치는 '이해의 폭'과 직결된다.

19대 국회의원이 국회에 들어오기 전에 종사했던 직업을 전수조사 해본 결과, 새누리당에는 국가고시를 통과한 엘리트와 학자, 언론인이 44퍼센트였다. 민주당은 1970~90년대 운동권 출신이 많았다. 평균 연령은 54세로 대부분 50~60대였다. 삶의 궤적을 보면 저임금, 주거난, 비정규직, 등록금 빚, 가난 대물림 문제 등이 복잡하게 엉켜 있는 오늘날의 '흙수저 청년'을 이해하기 어려웠던 셈이다.

비정규직·저임금 일자리부터 주거·결혼까지 구조적으로 깊어져 가는 청년 문제가 한국 사회의 화두가 되면서 '청년 정치'를 호명하는 목소리는 더 커졌다. 그럼에도 정당에서 청년 정치인을 받아들이려는 노력을 찾아보기 어렵다. 정당은 선거운동을 해주거나 선거 캠프에서 사람을 끌어모으고 얼굴마담이 되어 줄 청년들을 물색하는 데 그친다. 청년은 왜 국회에 들어가기 힘들까? 청년은 왜 정치의 중심에 서지 못할까? 청년 문제를 푸는 정치는 불가능한가? 그 답을 찾기에는 한국 정치에서 비어 있는 '청년'의 공간이 아직 너무 크다.

2016년 4월 제20대 총선을 앞두고 나타난 모습도 다르지 않았다. 당시 김성용 새누리당 중앙미래세대위원장(30세)은 "선거철은 청년들이 정당에 가장 많이 유입되는 시기"라고 했다. 그는 "정치인은 가치와 이념, 철학을 파는 판매업이라 생각한다."는 전제를 달아, 정당 내 청년을 '삐끼'에 비유했다. 선거철에 사람을 모집하고, 표를 끌어모으는 데만 쓰이고 이후에는 관심에서 멀어지고 버려진다는 의미에서다. 김 위원장은 2012년 총선과 대선을 치르며 지인들에게 정당 활동을 권유했다. 그는 "함께 정당에서 활동하자고 제안한 친구들에게 미안하다."며 "이때 새누리당에 발을 들인 청년만 수천 명인데, 이제 남은 것은 50여 명 뿐"이라고 말했다.

유달진 씨(28세)는 열린우리당에서 새정치민주연합을 거쳐 더불어민주당으로 당명이 바뀌는 순간을 모두 함께한 10년차 민주당 당원이다. 그는 "한국 정당은 잡은 고기에게 먹이를 주지 않는다. 꾸준히 활동하는 청년 당원에게는 관심이 없다. 예산이 없어, 청년 당원끼리 모였을 때 자비로 20~30명분의 도시락을 산 적도 있다."면서 "이렇듯 청년들이 정당 내에서 설 자리가 좁으니 당 외곽에서 작은 연구소(다준다연구소, 매니페스토청년협동조합 등)를 만들기도 한다."고 했다.

민주당은 20대 총선 청년 비례대표 후보 두 명을 선출하는 과정에서 최종 후보자로 압축된 네 명 중 두 명이 '정실 개입' 의혹 및 '당직자 첨삭 지도' 논란을 일으켜 사퇴했다. 남은 두 청년 비례대표 후보마저 그 여파로 당선 안정권에 배치하지 않은 탓에 청년 의원을 배출하지 못했다. 청년 정치인 입문이 이벤트로 전락했음을 보여 주는 사건이었다.

정치의 중심에 서지 못하는 청년

'청년 정치'라는 모호한 개념이 부유하는 상황은 역설적으로 '청년 문제'를 진지하게 소화하지 않는 한국 정치를 여실히 드러낸다. 청년 문제는 부의 대물림, 저임금·불안정 노동 심화 등이 씨줄과 날줄로 얽혀 터져 나온 '현상'이다. 청년 문제는 단순히 청년이 국회로 들어간다고 해서 해결되지 않는다. 그러나 적어도 기성세대와 절연한 청년이 많이 들어간다면, 불평등 구조 등을 풀기 위해 전력을 쏟지 못하게 하는 계파 정치나 밀실 정치의 영향력이 약화되리라는 기대를 품을 수 있다. 이관후 서강대학교 현대정치연구소 연구원은 "미국의 버니 샌더스Bernie Sanders가 보여 주었듯이, 새로운 콘텐츠와 의제, 기존과 다른 대안을 내놓는 것이 청년 정치"라면서 "앞으로의 청년 정치는 고졸, 지방에 있는 청년, 20대 미혼모 등 청년이면서도 사회의 관심에서 비켜나 있는 이들에게 관심을 쏟는 정치가 되어야 한다."고 말했다.

하지만 이런 시도를 뒷받침해야 할 당내 시스템과 소통은 여전히 걸음마 수준이다. 대학생위원회·청년위원회·미래세대위원회 등 당내 청년 기구는 존재한다. 하지만 소통 창구가 없고 의사결정 과정에 참여할 길도 막혀 있다. 이소라 민주당 서울시당 대학생위원장(22세)은 의사소통의 부재를 지적했다. 그는 "2015년 10월 당시 문재인 대표가 청년 정책을 발표하기 전 당내 청년 당원들과 이렇다 할 소통이 없었고 외부 인사로 청년 정치인을 영입하면서 조언을 구하지도 않았다."고 말했다. 이어 "민주당에는 2015년 '청년국'이 신설됐지만 여전히 소통 구조는 전무하다. 당내 대학생위원회나 청년위원회의 존재를 모르는 현역 의원도 있었다."며 "정당 내에서 청년의 의견을 수렴할 시스템도 구축하지 못하면서, 정당 밖 청년들의 목소리를 들을 수 있을지 걱정된다."고 말했다.

20대 총선에서 서울 마포을에 출마했던 하윤정 노동당 후보(29세)는 당내 '아재 정치'의 벽을 지적했다. 당내에서 남성이 과

대 대표된다는 것이다. 노동당의 총선 출정식에도 선대본부장은 한 명 빼고 모두 남성이었다고 했다. 그는 "노동당을 비롯한 진보 정당의 정책을 보면 남성의 시선이 느껴진다."며 "'5시 퇴근법'도 사무직 남성을 중심으로 이름을 지은 것이 아닌가 싶다. 비정규직 노동자의 퇴근 시간이 5시인 경우는 많지 않다. 마트 여성 근무자들은 밤 12시에 퇴근하는 경우도 많다."고 말했다. 남성 중심적인 문화 속에서 소외감을 느끼는 여성 청년들이 많다는 것이다. 진보 정당을 두루 경험한 한 청년 정치인은 "징징대지 말고, 청년 당원들도 권력투쟁을 벌여 발언권을 얻어내라던 기성 정치인이 있었다."며 정치에 갓 진출한 청년들의 언로가 막혀 있는 현실을 이야기했다.

더구나 앞서 말했듯이 청년 정치가 새로운 콘텐츠와 의제, 대안을 내놓는 것이라면 이에 걸맞은 훈련이 필요하다. 2012년부터 민주당 우원식 의원실에서 일한 박이강 비서관(28세)은, 나이만 어린 '청년 정치인'보다 전문성을 갖춘 청년 정치인이 필요하다고 생각했다. 중앙 정치를 몸소 겪어 보니, 젊다는 이유만으로 정치를 할 수 없다고 판단한 것이다.

그는 "정당에서 노동·복지 등 분야별 청년 전문가를 육성하려 하지 않는다. 당에서는 각종 행사에 얼굴을 비추며 '얼굴마담'을 하는 청년 정치인을 원하는 듯하다."면서 "선거 때만 되면 급하게 외부에서 인재를 영입해 온다. 전문성을 갖춘 청년 정치인이 보이지 않는 가장 큰 이유"라고 지적했다.

정당 내 청년 기구는 청년 정치인을 육성하지 못한다. 2014년 당시 민주당 전국청년위원장이던 안희철 변호사(32세)는 "각 정당의 지역 청년위원회는 청년 정치인을 육성하는 곳이 아니라 줄 세우기부터 습득하는 곳이었다."며 "지역 실세 의원에게 잘 보이지 않으면 결코 살아남을 수 없다."고 말했다.

돌고 돌아 악순환이다. 정당은 청년을 품지 못한다. 청년 당원으로 활동하다 정당에 실망한 청년들은 '정치 혐오'를 안고 당을 떠난다.

청년 정치를 가로막는 장벽들

정당의 미온적인 태도 외에도 '청년 정치'를 가로막는 장벽은 많다. 대의 민주주의와 정당정치 체계가 자리 잡힌 나라에서는 청년들이 지방의회에서 실력을 쌓지만, 지방자치가 온전히 뿌리내리지 못한 한국에서는 이마저도 쉽지 않다.* 이상협 전 새누리당 중앙미래세대위원장(33세)은 "지역이 중앙에 종속돼 있다. 지방의원들도 여의도 정치, 국회의원을 쳐다볼 수밖에 없는 구조"

★ 2014년 제6대 지방선거에서 당선된 광역시·도 및 시·군·구의원 3,687명 가운데 40세 미만은 127명(3.4퍼센트)에 불과했다.

라며 "공천권이 지역구 의원에게 달려 있는 경우가 많기 때문"이라고 말했다.

2010년부터 정당 활동을 시작한 송바우나 안산시 의원(33세, 민주당)은 "지방의원이 되려 해도, 지역 유지의 자녀가 아니면 공천받기가 쉽지 않다. 나이 든 지방의원들은 자식들에게 자리를 대물림하기도 한다."며 "20·30대 지방의원이 일정 비율을 유지하는 것은 부모에게 의원직을 물려받은 자녀들이 있기 때문인데, 이렇게라도 청년 비율이 유지되는 것이 역설적이게도 다행"이라고 말했다. 김은주 부천시 의원(30세, 새누리당)도 "공무원들이 청년 문제를 단지 일자리 문제로 인식할 만큼 이해도가 낮다. 함께 고민할 수 있는 또래 시의원이 더 많았으면 좋겠다."고 말했다.

금전적인 문제도 청년에게는 큰 장애물이다. 2015년 12월 녹색당은 〈공직선거법〉의 '고액 기탁금 부과', '비례대표 유세 금지' 조항이 위헌이라며 헌법 소원을 제기했다. 현행법은 국회의원 후보 1인당 1천5백만 원의 기탁금을 납부하고, 비례대표 후보는 유세에 참여할 수 없도록 규정하고 있다. 1천5백만 원은 정치를 꿈꾸는 청년들에게 높은 문턱이다. 수백만 원에서 수천만 원에 이르는 당내 공천 심사비와 경선 비용까지 더해지면 부담은 배가된다. 20대 총선 당시, 송강 국민의당 예비후보(30세, 전북 김제·부안)는 "기탁금에 공천심사비 3백만 원, 현수막 제작 등 각종 비용까지 합치면 총선 준비에만 수천만 원이 들어간다."며 "이미 대학 시절 등록금과 주거비 대출이 있는데, 선거 출마로 빚이 더 늘었다."고 말했다.

'나이'도 청년의 정치 참여를 가로막는다. 〈정당법〉과 〈공직선거법〉에서는 만 19세 미만의 정당 가입을 금지하고 있다. 만 19세 미만의 청소년은 선거운동조차 할 수 없다. 2014년 헌법재판소는 '미성년자는 아직 정치적·사회적 시각을 형성하는 과정에 있고 경험 및 적응 능력의 부족으로 인해 의사 표현이 왜곡될 우려가 있는 점'을 들어 관련 법률에 합헌 결정을 내린 바 있다. 당시 헌법재판소는 피선거권을 만 25세로 제한한 법률에 대해서도 합헌 결정을 내렸다. 이 같은 구조적 문제 때문에 한국 정당에는 해외에서 활성화되고 있는 청소년 모임이나 조직을 찾아보기 힘들다.

'청년법'을 만들 때다

양극화, 저임금, 불안정한 일자리, 치솟는 주거비,
헐거운 사회 안전망 등 청년 문제는 청년만의 문제가 아니다.
따라서 해결의 길도 단순하지 않다. 하지만 분명한 것도 있다.
청년 문제 논의는 '청년의 권리 회복'에서 출발해야 한다.

청년 권리 헌장

청년의 권리와 의무

① 청년은 인간으로서의 존엄과 가치를 가지며, 행복을 추구할 권리가 있다.

② 모든 청년은 나이, 성별, 성적 지향, 재산, 인종, 지역, 학력, 신체조건 등에 의하여 어떠한 차별도 받지 않는다.

③ 모든 청년은 주 40시간 이내로 노동할 권리를 갖는다. 정상 퇴근할 권리를 가지며 공휴일과 연차가 보장된다. 또한 임신·출산·육아를 이유로 차별받지 않는다.

④ 청년에게는 적정한 임금과 노동조건 개선을 위한 단결권·단체교섭권·단체행동권이 있다.

⑤ 청년은 안전하고 쾌적한 주거 환경에서 살 권리를 가진다.

⑥ 모든 청년은 평등하게 교육받을 권리가 있다.

⑦ 청년은 풍요로운 문화생활을 영위하고 건강하게 살아가며 다양한 사회 활동에 참여할 권리가 있다.

⑧ 청년에 영향을 미치는 국가·지방자치단체의 정책 결정 과정에는 청년이 반드시 참여할 권리를 갖는다.

⑨ 청년은 자신이 겪고 있는 문제가 청년 세대에 공통적으로 해당하는 사회문제임을 인식하고, 연대를 통한 해결 방안을 모색하는 데 힘을 기울인다.

대한민국에서 자유롭고 존엄한 권리·의무를 지닌 주체인
청년은 취업난, 저임금, 열악한 노동조건, 주거난,
결혼·출산·보육 포기 등의 문제에 처해 있다. 나이, 성별,
성적 지향, 재산, 인종, 지역, 학력, 신체조건 등에 따른
차별도 심각하다. 국가·지방자치단체와 청년이 함께
종합적이고 체계적인 청년 정책을 수립해 청년이 미래를
꿈꿀 수 있는 사회를 만들고자 한다.

국가·지방자치단체의 책무

① 국가는 청년 문제를 전담하는 부처를 정해 종합적이고 체계적인 청년 정책을 수립·시행한다.

② 국가는 청년 정책 시행에 필요한 예산 마련과 집행 방안을 반드시 세워야 한다.

③ 국가는 정기적으로 청년 정책 기본 계획을 수립·시행하고, 효과적인 청년 정책을 수립하기 위해 청년 문제에 대한 실태 조사를 실시한다.
지방자치단체는 각 지역 상황에 맞는 청년 정책 기본 계획을 수립·시행한다.

④ 국가는 모든 정책을 수립·시행할 때 세대영향평가를 실시해 해당 정책이 세대별로 미칠 영향을 미리 분석한다.

⑤ 청년 노동자의 권리가 침해받으면 국가는 엄격한 제재 조치를 취한다.
아울러 청년 비정규직 차별 개선과 정규직 전환을 위한 대책을 확립한다.

⑥ 국가는 청년이 취업 준비 중이거나 실업, 장애 등으로 소득이 없는 경우에도 인간 존엄성을 지킬 수 있도록 지원한다.

⑦ 국가는 청년 정책 수립·시행·평가 전 과정에 청년이 참여하고 의견을 반영할 제도적 장치를 마련한다.

청년법을 제안하는 이유

부의 대물림이 '괜찮은 일자리'를 잡을 기회까지 좌우하는 현실은 옳은가. 최저임금 수준의 박봉을 받고, 야근과 주말 근무에 시달리며, 결혼과 미래를 포기하는 삶은 지속 가능한가. 7.1퍼센트에 불과한 '인 서울' 4년제 대학 진학자에 치우친 청년 담론은 문제가 없는가. 수도권 밖 지역에서 태어났으니 차별을 감내하는 것은 자연스러운 일인가.

나이, 성별, 지역, 학력, 재산, 성적 지향, 신체 조건이 다르다는 이유로 청년들이 차별받고, 오늘 하루를 행복하게 살아갈 권리를 박탈당해서는 안 된다. 청년들의 행복추구권을 바로 세우는 작업을 하려면 다시 정치와 정책의 영역으로 들어가야만 한다. 청년 문제는 비상 대책이 필요할 만큼 심각해졌다. 빠르고 실질적인 효과를 낼 수 있도록 '청년법'을 만들자는 청년들의 제안에 주목할 필요가 있다.

현재 청년 문제를 해결하기 위해 142개 정책에 약 10조 원이 쓰이고 있다. 그러나 체계 없이 산발적·단기적으로 집행될뿐더러, 그 안에서 청년의 삶과 권리에 대한 원칙과 정신을 찾아보기는 어렵다. 그래서 전국에서 만난 청년과 청년 단체의 요구, 현재까지 진행된 청년법 논의 및 전문가들의 의견을 종합해 청년 권리 헌장을 만들었다. 헌장에는 청년이 '자유롭고 존엄한 권리와 의무를 지닌 주체'임을 가장 먼저 명시했다. 청년은 노동력이나 내수 시장을 키울 소비자 정도의 '도구적 존재'로 호명되는 경우가 많다. 그러나 청년은 그 자체로 인간답게 살 권리를 지닌 존재다. 우리가 만난 청년들은 사회가 자신에게 씌운 경쟁의 틀 속에서 존재 가치를 인정받고자 발버둥치고 있었다. 세상의 잣대로부터 벗어날 자유에 대한 강렬한 욕망을 그들에게서 보았다.

아울러 "모든 청년은 나이, 성별, 성적 지향, 재산, 인종, 지역, 학력, 신체 조건 등에 의하여 어떠한 차별도 받지 않는다."라는 문구에, 기존 청년 담론에서 배제된 청년들의 권리까지 담고자 했다. 고등학교·전문대 졸업자가 대표적이다. 이들은 4년제 대학 졸업자들과 달리 상대적으로 일찍 사회에 진출해 저임금·불안정 노동 현장을 전전하고 있다. 해당 연령대의 절반 규모이지만 4년제 대학 졸업자들에 비하면 정책에서 소외돼 있는 편이다.

헌장에 담긴 '적정 임금'은 자신의 노동에 대한 정당한 대가를 원하는 청년들의 목소리를 담은 결과다. 단결권·단체교섭권·단체행동권과 같은 노동3권을 되새겨, 기업의 힘이 노동자들의 삶을 짓밟는 현실에 맞서 청년이 저항할 권리를 지니고 있음을 부각하고자 했다.

청년법은 이 같은 청년 권리 헌장의 정신을 담아 만들어져야 한다. 청년 활동가들과 전문가들은 실효성 있는 법을 만들려면 '청년 컨트롤 타워'를 세우고 체계적인 정책 로드맵을 짜야 한다고 지적한다. 적정 예산을 편성하고 조기 집행해야 청년 문제를 푸는 전환점을 앞당길 수 있다고도 했다.

그동안 청년 문제에 관심을 갖고 활동해 온 이들은 청년법이 힘을 발휘하기 위한 조건으로 청년의 참여 보장, 전담 부처 지정, 평가 수단 마련 등을 꼽았다. 조성주 전 정의당 미래정치센터 소장은 "청년법에 근거를 둔 정책을 결정하는 과정에서 청년들의 참여를 실질적으로 보장하지 않으면 행정 관료들의 문서 작업으로만 그칠 가능성이 크다."며 "위원회 하나 만드는 식으로 한다면 유명무실한 의사 결정 기구가 될 수 있다. 전담 부처를 둬야 한다."고 지적했다.

〈양성평등 기본법〉에 도입된 '성별영향분석평가'처럼 '세대영향분석평가'를 도입하자는 의견도 나왔다. 정준영 전 청년유니온 정책국장은 "청년 대상 정책을 평가할 수단을 마련하면 고용·주거·교육·노동 등 정책이 더 강화되는 효과가 나타날 것"이라고 했다.

그동안 주로 제기돼 온 일자리 외의 문제들을 법안에 담을 필요성도 제기됐다. 청년참여연대 김주호 간사는 "청년 삶의 문제 전반으로 정부의 책임을 확대해야 한다. 사각지대에 놓이기 쉬운 청년의 문화·건강·사회참여 문제에 대해서도 규정해야 한다."고 말했다.

청년법은 어떤 내용을 담아야 할까? 먼저 이들의 삶에 가장 큰 영향을 미치는 노동, 주거, 지역 격차 등에 주목해 고민할 필요가 있다.

① 노동

청년의 삶을 피폐하게 만드는 핵심 축은 '노동문제'였다. 다수의 청년들은 언제 잘릴지 모르는 저임금 일자리를 잡아 야근과 주말 근무를 반복해 겨우 생활비를 벌고 있다. 여가 시간은 없고 저축조차 힘겨워했다. 만약 청년법을 제정한다면 청년들의 '인간답게 살 권리'를 위해 노동·소득·안전망에 관한 정책 수립이 동반돼야 한다.

우선 질 낮은 '비정규직' 문제부터 풀어야 한다. 정규직의 54퍼센트에 불과한 임금을 받으며 고용 불안에 시달려야 하는 한국의 비정규직 문제는 곧 청년 문제다. 한국노동연구원에 따르면 2015년 기준으로 15~29세 청년 5명 중 3명(64퍼센트)이 비정규직으로 사회에 첫발을 디뎠다. 2007년(54.1퍼센트)보다 10퍼센트포인트 증가한 수치다.

비정규직 고용은 1997년 외환 위기를 거치며 급속도로 증가했다. 형태도 복잡해졌다. 최근에는 '직접 고용 비정규직(계약직)'뿐만 아니라 사내 하청, 파견, 용역 등 '간접 고용 비정규직' 문제도 확산되고 있다.

저임금·불안정 노동이 보편화되면서 '임금 없는 성장' 현상도 나타났다. 2000~14년 연평균 경제성장률은 4.4퍼센트였지만 노동자 1인당 임금 인상률은 1.4퍼센트(한국은행 국민소득 통계)에 불과했다. 이처럼 오랫동안 모순이 퇴적된 노동 현장의 사다리 맨

끝에 청년들이 매달려 있는 셈이다. 청년들이 자신을 '사축'이라고 자조하는 흐름은 권위주의적 직장 문화 탓도 있지만 근본적으로는 노동자가 쉽게 버려질 수 있는 값싼 소모품 취급을 받는 것과 관계가 깊다.

불법적인 비정규직 활용마저 관행처럼 뿌리내리고 있다. 겉으로는 하청 업체에 소속돼 있지만 실제로는 원청 업체의 지시를 받고 일하고 있다면, 위장 도급을 통한 '불법 파견' 상태로 봐야 하며, 2년 이상 근무자에 대해서는 원청 업체가 정규직으로 직접 고용할 의무가 생긴다(2012년 8월 1일 이후부터는 즉시 고용 의무가 생긴다).

김유선 한국노동사회연구소 선임연구위원은 "10대 재벌의 사내 하청 노동자가 43만 명인데 대부분 불법 파견일 것"이라면서 "근로 감독을 법대로만 제대로 해도 괜찮은 일자리인 정규직 규모가 커진다."고 지적했다.

이와 더불어 청년들이 '괜찮은 일자리'를 구할 기회를 늘릴 방법으로 청년 고용의무제가 거론되기도 한다. 벨기에의 '로제타 플랜'이 그 모델이다. 벨기에 정부는 청년 실업이 심각하던 2000년 '종업원 50명 이상 기업'은 의무적으로 고용 인원의 3퍼센트를 청년으로 채우게 하는 정책을 실시했다. 이 기준을 지키면 건강보험료·고용보험료를 깎아 줬고, 그렇지 않으면 미채용 인원 1인당 하루 3천 벨기에프랑(약 9만 원)의 벌금을 부과했다.

김성희 고려대 노동대학원 교수는 "정부가 기업에 지원만 하는 식으로는 청년 고용이 제대로 늘지 않는다는 것이, 최악으로 치닫는 청년 실업률로 드러났다."면서 "벨기에의 로제타 플랜처럼 지원과 제재(벌금) 조치를 동시에 구사해야 한다."고 말했다.

청년 고용의무제가 단기 처방이라면, 근본적인 처방은 고용 비중이 큰 중소기업의 일자리에서 찾아야 한다. 핵심은 임금을 끌어올리는 데 있다. 1980년대만 해도 대기업(3백 명 이상 고용) 정규직 임금의 90퍼센트까지 육박했던 중소기업 정규직 임금은, 2016년 6월 기준으로 52.7퍼센트에 불과하다[고용노동부, "고용형태별 근로실태조사"(2017/05/26)].

중소기업이 충분한 '인건비 여력'을 갖출 수 있도록 성장하려면 대기업의 납품 단가 후려치기 등 '갑질'을 강력히 제재해야 한다는 지적이 커지고 있다. 이에 참여연대도 2016년 총선을 앞두고, 대기업으로 빨려 올라간 '초과 이익'을 중소기업이 공유하는 초과 이익 공유제를 현실적인 대안으로 제시한 바 있다.

노동자의 실질임금을 인상시킬 대책도 강구해야 한다. 영세 중소기업 노동자들의 임금이 '최저임금' 수준에 머무르거나 못 미친다는 점을 생각하면, 최저임금 인상은 노동자의 소득 증대로 이어질 수 있다. 아르바이트로 등록금과 생활비를 충당하는 청년들의 숨통을 틔우는 방안이기도 하다. 알바노조·청년유니온 등 청년 단체에서는 2017년 현재 6,470원인 최저임금을 1만 원으로 인상하는 정책을 꾸준히 제안해 왔다.

마지막으로 노동시장에서 초래된 불평등을 완화하려면 정부가 세금을 거둬 안전망을 강화하는 정책을 적극 펼쳐야 한다. 특히 청년들이 만들어 낸 금수저·흙수저론은 부모의 경제력이 '양질의 일자리'에 도전할 기회를 좌우하고 있음을 보여 준다. 이런 문제의식을 바탕으로 구직 단계의 청년들이 가정환경과 관계없이 어느 정도의 '비빌 언덕'을 제공받을 수 있게끔 해야 한다.

서울시의 청년수당(청년활동지원사업)이 대표적이다. 서울시에 거주하는 만 19~29세 청년 가운데 기준 중위소득의 150퍼센트 미만 가구의 미취업자 및 졸업 예정자 등을 5천 명 선발해 최대 6개월간 매월 50만 원(1년 최대 3백만 원)을 지급한다는 내용을 담고 있다(2017년 6월 기준). 청년수당은 노동계에서 논의돼 온 '실업 부조'와 맥락이 닿아 있다. 노동 소득이나, 노동 소득에 근거한 실업 급여(고용보험 가입자 대상)의 도움을 받을 수 없는 '구직 중 청년'도 실업 상태로 보고 안전망을 누리게 해야 한다는 것이 실업 부조의 뼈대다.

청년수당이 선별적 복지에 가깝다면, 성남시의 청년배당은 보편적 복지다. 성남시에 거주하는 만 24세 청년에게 분기당 25만 원(연 1백만 원)을 지급하는 방안이다(2017년 6월 기준). 청년배당은 기본 소득과 닮은 점이 있다. 기본 소득 제도는 전 국민에게 일정 소득을 매달 지급해 기본 생활을 영위할 수 있게 하는 제도다. 재산 수준과 연령 등을 따지지 않고 모두에게 지급한다. 여기에는 일자리가 메말라 가는 '저성장' 사회에서, 노동 소득만으로는 많은 사람이 삶을 유지할 수 없다는 문제의식이 깔려 있다.

② 주거

주거비는 청년들의 생계비 가운데 가장 큰 몫을 차지한다. 연애·결혼·출산을 포기하게 하는 핵심 이유이기도 하다. 2012년 국토교통부의 주거실태 조사에서 서울에 사는 청년 1인 가구 가운데 69.9퍼센트가 소득의 30퍼센트 이상을 주거비로 썼다. 저성장·저금리의 영향으로 주택 임대 시장이 전세에서 월세로 급격히 전환하면서 청년 주거난은 더욱 심각해지고 있다. '지·옥·비'(지하방·옥탑방·비주택)를 전전하는 청년들이 늘고 있는 것이다. 주택정책이 자가 소유를 촉진한다는 과거의 기조에서 크게 변하지 않는 한, 집값 급등과 소득 감소에 시달리는 청년들에게 내 집 마련이란 '그림의 떡'이다.

단국대학교 조명래 교수(도시계획학)는 "주거권 차원의 포괄적 정책이 필요한 시점"이라고 말했다. 주택 공급뿐만 아니라 임대차 관계, 임대료 보조, 임대주택 관리 등을 아우르는 종합 처방이 필요하다는 것이다. 그는 "공공 임대주택은 소득 기준으로 입주자를 선정했는데 이제 세대라는 새로운 변수가 나타났다."며 "현재 전체 주택 대비 5퍼센트 수준에 불과한 공공 임대주택 비율을 20퍼센트까지 높이고, 일정 비율을 젊은 세대에게 배분하는 적극적 정책이 필요하다."고 말했다.

정부는 2015년부터 대학생, 사회 초년생, 신혼부부에게 전체 물량의 80퍼센트를 할당하는 행복주택 등 청년 대상 공공 임대주택을 공급하고 나섰다. 하지만 34세 이하 1인 가구가 124만 가구(2010년 인구주택총조사)에 이르는 데 반해 2015년에 공급된 행복주택은 847채에 불과해 사회 초년생 경쟁률이 208.5 대 1까지 치솟았다.

주변 시세의 최대 80퍼센트에 이르는 공공 주택의 높은 임대료도 문제다. 2016년 3월 16일에 열린 "20대 총선 정당 서민주거정책 평가 토론회"에서 민달팽이유니온 임경지 위원장은 "이미 치솟은 토지·주택 가격을 고려할 때 공공 임대주택 임대료를 공급 원가나 시세에 맞추는 것은 청년들의 지불 능력이 아닌 시장 상황만을 반영하겠다는 것"이라고 지적했다.

중앙정부에 집중된 주택정책 권한을 지방자치단체에 과감히 이양해야 한다는 목소리도 나온다. 지자체가 처음부터 주민과 입주자의 요구를 반영해 맞춤형 주거 여건을 조성할 수 있다는 장점 때문이다. 서울시가 2014년 공급한 서대문구 홍은동 '청년 협동조합 공공 주택'이 대표적이다. 거주 청년들이 스스로 협동조합을 설립하고 주택을 관리하면서 공동체를 형성하고 있다. SH가 1인 청년 여성에게 공급한 구로구 천왕동 여성안심주택에 사는 이 모 씨(26세)는 "건물 내 커뮤니티 공간에서 입주자들끼리 소이캔들, 드라이플라워를 만들고 밥도 함께 먹으며 공동체 의식을 쌓아 가는 것이 좋다."며 "이런 임대주택이 늘어났으면 좋겠다."고 말했다.

공공 임대주택 공급이 늘더라도 여전히 많은 청년들은 민간 임대 시장에 남는다. 표준(공정)임대료와 임대료 상한제를 통해 청년들의 주거비 부담을 낮추고 임대인의 계약 갱신 청구권을 도입하는 등의 조치가 필요한 이유다. 어디에 쓰이는지 알지 못한 채 내라는 대로 내야 하는 원룸 관리비의 내역도 투명하게 공개해야 한다. 정준영 전 청년유니온 정책국장은 "민간 임대 시장에서 거래되는 월세 물량을 효과적으로 규제할 필요가 있다."며 "임대인과 임차인이 대등한 권리를 갖도록 법으로 보장해야 한다."고 말했다.

③ 지역 격차

지방에서 나고 자란 청년들은 진학과 취업 시기가 오면 고향을 등진다. 2015년 기준으로 수도권 밖 광역시·도에서 20~34세 청년 4만5,826명이 순유출됐다.★ 1990년대 중반부터 흔들리기 시작한 지역 대학의 위상도 이 같은 인구 이동에 영향을 미쳤다.

★ 통계청, "청년의 지역별 유출입 현황"(2015)에 따르면, 수도권을 제외한 지역별 청년 인구의 증감은 다음과 같다. 강원(2,246명 감소), 충북(1,388명 감소), 충남(1,214명 증가), 대전(4,667명 감소), 경북(7,177명 감소), 울산(569명 증가), 대구(6,957명 감소), 부산(7,161명 감소), 경남(3,194명 감소), 제주(2,114명 증가), 전북(6,735명 감소), 광주(5,875명 감소), 전남(4,323명 감소).

전국 곳곳에서 만난 청년들은 "서울과 지방 청년은 갖고 있는 꿈의 가짓수부터 다르다."며 "서울 밖에도 청년들이 살고 있다."고 말했다.

정부는 다양한 대학 재정 지원 사업을 내놨지만 지역을 떠나는 청년들을 잡는 데는 실패했다. 오히려 수도권 대학과 지역 대학 간 양극화만 심화시켰다. 이명박 정부에서 추진한 '세계 수준의 연구중심대학 육성사업'이 대표적이다. 2008년부터 2013년까지 7,611억 원이 투입됐지만 그중 절반 이상이 수도권 대학의 몫이 됐다. 박근혜 정부 들어서는 대학 평가를 통해 대학 구조 조정과 재정 지원이 함께 이뤄졌다. 재정 지원을 받기 위해 지역 대학들은 자발적으로, 순수 학문을 중심으로 입학 정원을 줄였지만 평가에서 좋은 점수를 받지 못했다. 전국 4년제 대학의 2015년 입학 정원 감소분 8,207명 가운데 96퍼센트는 수도권 외 지역 대학에서 차지했다.

지역 대학의 경쟁력을 확보하려면 대학 평가 시 수도권과 지역 대학을 구별해야 한다는 주장도 있다. 권역별로 나눠서 정원 감축 및 재정 지원 계획을 수립해야 한다는 것이다. 참여정부 때 '지방대학 혁신역량 강화사업'은 비수도권 대학에만 5년간 1조 2,400억 원을 지원해 교원 확보율과 신입생 충원율, 취업률 등의 지표에서 가시적 성과를 냈다. 하지만 지역 산업 발전과 인재의 지역 정착이라는 정책 목표를 달성하지는 못했다.

'지역에 따른 청년의 양극화'를 해소하기 위해서는 지역 대학

경쟁력을 육성하는 동시에 지역 내 질 좋은 일자리를 늘려야 한다. 2014년 11월에는 〈지방대학 및 지역균형인재 육성에 관한 법률〉(지방대육성법)이 시행되었다. 이 법은 공공 기관과 민간 기업이 신규 채용 인원의 일정 비율 이상을 지역 인재(지방대학 출신)로 채용하도록 노력할 것을 규정했다. 하지만 처벌 조항이 없다 보니 채용 비율도 들쑥날쑥하고, 일자리의 질도 담보하지 못하고 있다. 일례로 대구혁신도시에 입주한 중앙119구조본부는 지역 청년을 비정규직으로만 채용했다.

국내 산업적 지형은 수도권에 치우쳐 있어 근본적인 개선책이 필요하다. 매출액 상위 1백 대 기업 본사 중 86곳이 수도권에 있다. 2015년 기준으로, 법인세 신고 중소기업 약 47만9천 개 가운데 수도권 기업은 약 27만5천 개로 전체의 57.4퍼센트를 차지한다[통계청, "국세통계연보"(2016/12/28)]. 그러나 최근까지도 '투자 활성화' 명목으로 수도권에 연구·개발 지역특구를 지정하는 등 오히려 수도권 규제를 완화하는 정책이 시행되어 왔다. '서울공화국, 지방 식민지' 현상을 해결하기 위한 지역 균형 발전은 청년 문제의 해결책이기도 하다.

취재를 마치고

취재를 마친 여섯 명의 기자가 한자리에 모여 나눈 방담을 실었다. '청년 얘기는 곧 우리 얘기'라는 공감으로 시작한 대화는, 미처 다루지 못한 주제에 대한 아쉬움을 나누며 끝났다. 이들은 '청년들에게 구체적인 대안을 제시하는 것 못지않게 우선 자기 얘기를 할 수 있는 자리를 만드는 데서 문제 해결이 시작'될 수 있으며, '기성세대가 청년을 사회 구성원으로 동등하게 인정할 때 해결의 실마리가 생기고, 이때 비로소 청년들도 자기 문제를 발언하는 주체로 설 수 있을 것'이라는 데 의견을 같이했다. _편집자 주

전문대를 졸업하고 알바 두 개를 하면서 생계를 유지하고 있는 청년을 만났어요. 뭘 하며 살아갈지 모르겠다는 친구였는데, 두 시간 넘는 인터뷰가 끝나고 "들어줘서 고맙다."는 얘기를 하더라고요. 어렵게 자기 얘기를 해줘서 고마운 것은 저였는데. "그동안 친한 친구들에게조차 하지 못했던 이야기를 처음 해봤다."고 했어요.

김서영 우리 팀 평균 나이를 계산해 보니 29.3세다. 가장 많은 송윤경 기자가 서른넷이고 모두 청년(19~34세)에 속한다.

김원진 회사 안에서 '너무 어린 기자들로만 취재팀이 꾸려진

것은 아닌가.' 하는 우려도 있었다고 들었다.

이혜리 보통은 여러 부서를 경험한, 연차 있는 기자들이 중심이 되지만, '부들부들 청년'은 '청알못'이 기사를 써서는 안 된다고 생각했다. 당사자인 청년 기자들이 직접 청년들의 이야기를 생생하게 전하려고 했다.

송윤경 2016년 신년호 1면에는 매년 실리는 일출 사진 대신 박순찬 화백의 "흙수저의 길"(이 책 62쪽 그림)을 실었다. 해가 바뀐다고 해서 청년들의 삶이 저절로 나아지지 않으리라는 인식 때문이었다. 또 청년들의 삶을 충실히 담아야 한다고 생각했다. 청년들이 실제 쓰는 언어를 반영한 '부들부들 청년'이라는 기획명도 그렇게 나왔다.

정대연 저임금·장시간 노동과 월세방을 전전해야 하는 주거 문제, 늦어지는 결혼 등은 하나같이 내가 실제 겪고 있는 일이다. 어느 날 밤 10시쯤 청년 기사를 마감하고 퇴근하면서 친구에게 '술 한잔하자.'고 전화했더니 아직 일하는 중이라고 했다. 기사에서 다룬 사연들은 특이한 청년들의 이야기가 아니다.

김원진 이번 기획이 또 다른 '청년 팔이'가 되지 않을까 하는 걱정도 있었다. 하지만 취재하면서 지방·고졸·전문대 출신을 비롯해 언론 보도에서 소외돼 왔던 청년들이 많다는 사실을 알게 됐다. 기자로서 이들을 만나 반가우면서도 '그동안 청년 문제를 너무 표면적으로만 생각했구나.' 하고 반성했다.

김서영 오래전부터 청년 문제가 제기되었는데, 왜 해결되지 않고 갈수록 악화될까?

정대연 청년들은 한국 사회에서 비시민이다. 세력화되지 않은 것이 큰 요인인 듯하다. 비싼 임대료를 내며 카페를 운영하고 있는 청년 얘기가 기사로 나간 뒤, '건물주가 알면 쫓겨날까 봐 걱정된다.'는 연락이 왔다. 당장 생계를 유지해야 하기에 문제를 제기할 수 없는 청년도 많다.

송윤경 청년들에게 '그러니까 바꾸려면 투표해.'라고 말하는 것이 불편하다. 문제를 해결하려면 우선 청년들끼리 대화를 나눌 수 있는 구심점이 필요한데 그게 없다. 정당에서든, 청년 조직에서든, 각 지역에서든, 온라인 앱에서든 유사한 문제를 겪는 사람들끼리 고민을 나누다 보면 '어떻게 문제를 해결할 수 있을까?'로 자연스럽게 넘어갈 수 있을 듯하다. '바꾸기 위해 투표하자.'는 주장도 그런 과정을 통해 나와야 한다.

이혜리 청년들이 해결책을 고민할 여유가 없다. 회사에서 열 시간 넘게 일하고 좁은 방으로 돌아가 스마트폰을 만지다 잠든다. '잉여짓'을 할 수 있어야 삶에 숨통이 트이는데 기계 같은 생활이 반복되다 보니 '내가 왜 살고 있나?' 하는 생각이 들 때가 있다. 동일본 대지진을 겪은 일본 후쿠시마의 청년은 자신의 트라우마를 생각해 볼 여유조차 없다고 했다. 한국 청년들도 비슷하다. 재앙에서 한발 떨어져 살펴봐야 현실을 명확히 인식할 수 있는데 재앙 속에 있으니 그게 잘 안 된다.

이효상 한국에서는 결혼하고 자식을 낳아야 어른 대접을 받는다. '나이가 벼슬'인 나라에서 청년들은 일상적으로 무시당한다. 한국 정치 상황을 보면 청년들에게 투표하라고 말하기 민망하다. 대의민주제를 채택하고 있는 만큼, 문제의 가장 큰 부분은 의회를 통해 해결해야 하는데 청년들은 의회에서 대표되지 않는다.

김서영 누구나 동등하게 얘기하지 못하는 문화가 청년 문제를 해결하기 어렵게 하는 면이 있다. 발언권이 청년에게 똑같이 주어진다면 문제 해결이 쉬워질 수 있다. '나이도 어린 게', '너 몇 살이야?' 하는 말이 일상적인 사회에서, '나이'는 발언권뿐만 아니라 발언에 정당성을 부여한다. 이래서는 토론이 불가능하다.

김원진 진보적인 386들도 자신보다 어린 사람의 비판을 견디지 못하는 듯하다. 한편으로는 전국 각지를 돌면서 현장을 보지 않고 머리로만 세대론을 생각하는 것이 무척 위험하다고 느꼈다.

송윤경 노동조합은 여전히 청년들의 삶을 개선하는 데 핵심적인 역할을 할 수 있다고 생각한다. 하지만 청년들의 노조 참여를 막는 심리적 장벽이 분명 존재한다. 대법원에서 현대자동차 불법파견 확정판결이 나왔지만 문제가 바로잡히지 않고 있다. 노동자들은 고독한 싸움을 10년 넘게 이어가고 있다. 하지만 비슷한 상황에 처한 청년 노동자들은 이들의 투쟁에 큰 관심이 없다. 청년들이 기존의 노조 운동에 대해 느끼는 심리적 장벽 같은 것이 존재한다. 이를 어떻게 무너뜨릴 수 있을지 함께 생각해 보면 어떨까? 청년들이 노조에 집단으로 들어가, 새 패러다임을 만들어 내지 못하고 있다는 평가를 받고 있는 기존 노동계의 '판'을 뒤흔들

수 있다면 좋겠다.

이혜리 각 세대가 자기 세대 얘기만 하지는 않았으면 좋겠다. 청년 문제를 해결하기 위해 부모 세대가 나설 수도 있고, 그 반대의 행동도 가능하다.

김서영 그러고 보면 '청년 정치'라는 말이 결코 단순하지 않다.

김원진 '생물학적인 청년'이 국회에 많이 들어가는 것이 어떤 의미가 있을까? 어떤 세대교체인지, 누가 청년 세대를 대변하는 정치를 하는지가 더 중요하지 않을까? 총선 때마다 초선 의원이 50퍼센트에 이르지만 정치는 전혀 바뀌지 않고 있다. 정치하려는 청년들이 한두 석 할당된 비례대표로 쉽게 국회에 진입하는 방법도 있지만, 지역의 작은 현안에서부터 자기 정치를 펼칠 필요가 있다. 사회를 바꿔 보겠다는 정치인이라면 지역에서부터 시민들을 위해 희생할 각오와 자기 콘텐츠가 필요하다.

정대연 우리는 나이·성별·국적·학번·군번 등 위계를 짓는 데 익숙하다. 청년들은 정치에서도 결코 동등한 대접을 받을 수가 없다. 스페인 포데모스를 지지하는 노인이 30대인 젊은 대변인에게 오히려 "나 같은 서민들을 대변해 줘 고맙다."고 하는 모습을 봤다. 나는 그때 40대 국회의원 출마자를 두고 너무 어리다고 평가하는 한국 상황을 떠올렸다.

이효상 지역별·세대별 조직에서 토론과 다수결로 의사를 결정하는 시스템이 갖춰지지 않은 한국 정당에서는 어릴 때부터 의사결정에 참여하고 정치인으로 자라기를 기대하기 어렵다. 아래로부터 다져진 조직이 없으면 청년이 탄탄한 입지를 가진 정치인이 되기 힘들다.

송윤경 청년들은 능력주의에 쫓긴다. '남들보다 더 인정받아야 한다.'는 강박에 시달리며 쉬는 날에도 영어 공부하고, 자격증 시험 보느라 쉬어도 쉬는 게 아니다. 능력주의를 다루고 싶었는데 다음으로 미루게 됐다. 어려운 여건에서도 주체성을 잃지 않고 일상 속 작은 실천을 해가는 청년들을 다루지 못한 것도 아쉽다.

이효상 청년 문제가 사회구조적인 문제임을 계속 지적하고 싶었다. 정부나 기업에서는 임금 피크제를 세대별 일자리 배분 관점에서 접근하는데 과연 그런지도 더 분석할 필요가 있었다.

이혜리 저출산은 청년만의 문제가 아니라, 한국 사회가 유지될 수 있느냐의 문제인데 깊이 있게 다루지 못한 듯하다. 또 청년들의 삶을 어렵게 만드는 것이 과연 누구 때문인지를 더 명확히 지적했어야 하는 것 아닌가 싶기도 하다.

김원진 대학을 졸업하고 취업난에 시달리는 청년들에게 초점을 맞추다 보니 대학생과 신혼부부의 삶을 많이 다루지 못했다.

정대연 기획 막바지에 대책을 다루면서 당장 실현 가능성이 적더라도 새롭고 과감한 담론을 펼쳤으면 어땠을까? 주류 언론에서 잘 다루지 않았던 기본 소득도 더 논의했으면 좋았을 것 같다.

김서영 청년 당사자들의 언어를 담아내는 데는 나름대로 성과가 있었다고 본다. 앞으로 청년들이 입을 열고 자신들의 얘기를 더 적극적으로 해갈 수 있었으면 좋겠다.

에필로그

'부들부들 청년' 기획 연재의 마지막 회를 내보내고 약 1년이 흘렀다. 그 사이 한국 사회에는 훗날 역사책에 기록될 만한 사건이 이어졌다. 대통령이 시민으로부터 위임받은 권력을 최순실 일가의 사적 이익을 위해 휘둘렀음이 드러났다. '비선 실세' 최순실 씨가 미르·K스포츠 재단을 세워 대기업 자금을 빨아들이려던 계획이 발각되면서 그동안 그가 문화·체육계를 비롯해 국정 전반을 주물러 왔다는 사실, 그의 딸 정유라 씨는 이화여자대학교에 부정 입학해 교수가 과제물을 대신 작성해 주는 등의 각종 학사 특혜를 제공받은 사실 등이 밝혀졌다.

시민은 분노했다. 2016년 말 겨울 한파가 몰아치는 와중에도 연인원 1천만 명이 넘는 사람들이 모여 "이게 나라냐?"며 촛불을 들었다. 같은 해 12월 9일 국회는 대통령 탄핵소추안을 가결했고 약 3개월 뒤 헌법재판소는 박근혜 전 대통령의 파면을 결정했다. 2017년 4~5월 조기 대선 과정에서는 주요 대선 후보들이 비정규직의 정규직화, 최저임금 인상, 장시간 노동 강요에 대한 진일보한 대책이 반영된 공약을 내놓았다. 이 공약들은 모두 '청년 문제'와 관련된 것이었으며, 제19대 대선에서 후보들은 그 어느 때보다도 '청년'을 대변하겠다고 적극적으로 나섰다.

그리고 2017년 5월 9일 문재인 대통령이 당선됐다. 그의 업무지시 1호는 '일자리위원회 설치'였고, 취임 사흘째인 12일에는 인천공항을 찾아가 "임기 내 공공 부문 비정규직 제로 시대를 열겠다."고 선언했다. 문 대통령의 충실한 '공약 이행 노력'에 시민들은 환호했다.

요컨대 2016년 연말과 2017년 초, 한국 사회는 고통스러운 진실과 마주해야 했으나 시민들은 스스로 희망을 놓지 않으려 분투했다. 그 결과 '새로운 시대'가 열리고 있는 듯하다.

고통과 희망이 교차했던 지난 시간 동안 취재팀은 청년 세대의 변화를 주목했다. 이들은 세상과 싸워 이겨 본 적 없는 세대였지만 최근 크고 작은 '승리의 경험'을 쌓아 가고 있는 것으로 보였다. '부들부들 청년'의 마지막 보도 이후 약 1년간 청년 세대가 만들어 낸 변화 몇 가지를 기록으로 남긴다.

첫 번째는 이화여대 학생들의 승리다. 이화여대 미래라이프단과대학 폐지 운동은 정부의 신자유주의 정책과 대학의 일방적 학사 결정에 학생들이 맞서 싸워 승리한 드문 사례다. 졸업생을 포함한 대학 구성원의 연대에 힘입어 미래라이프대 계획은 폐지됐고 총장은 물러났다. 게다가 이들은 정유라 씨 부정 입학 및 학사 특혜 진모를 밝혀 박근혜·최순실 국정 농단 사태를 수면 위로 끌어올리는 데 혁혁한 공을 세웠다. "고구마를 캤는데 무령왕릉이 나왔다."는 어느 이화여대생의 비유는 과장이라 할 수 없다. 올해 이화여대를 졸업한 정 모 씨(26세)는 지난 한 해의 성과에 대해 이렇게 말했다.

> 이제까지 학생이 총장을 끌어내린 경험이 없었잖아요. 내가 다른 친구들과 힘을 합쳐서 부당하다고 난리를 쳐봤더니, 정말로 총장이 내려가는, 그게 가능하다는 걸 느낀 것이 정말 중요한 경험이죠. 개인의 역사에, (세대) 전체의 역사에 큰 힘이 될 거라고 봐요.

이화여대의 사례는 또래의 다른 청년들에게 자극제가 됐다. 동국대학교에서도 평생교육 단과대학 사업 철회를 위한 농성이 있었고, 한국외국어대학교 학생들은 비리 전력이 있는 전 총장의 명예교수 임명을 반대하며 총장실을 점거하기도 했다. 2016년 말 대학가에서는 내내 크고 작은 시국 선언과 교내 행진이 이어졌다.

익명성에 기반을 둔 수평적 의사 결정 구조와 이른바 '외부 세력 거부' 등의 전략을 두고는 논쟁이 이어졌다. 이는 이 시대 청년들의 특징이 반영된 일종의 '현상'으로 흥미로운 의제를 남기기도 했다.

두 번째로 기록해야 할 것은 광장에서의 승리 경험이다. 취재팀은 2016년 겨울 광화문광장에서 "중·고등학교 때 미국 쇠고기 수입 반대 집회 이후 처음 나왔다."고 말하는 청년들을 많이 만날 수 있었다. 2016년의 광장은 청년들에게 '시민의 분노에 반응하는 국회', '주권자의 눈치를 보는 정치인'을 확인하는 경험을 선사했다. '정치 효능감'을 느낀 청년들은 주체성을 찾고 목소리를 냈다. 광장에 모인 시민의 주축이 청년 세대였다고 단정할 수는 없지만 청년들의 분노가 광장을 더욱 꿈틀거리게 한 것만은 분명하다. 광장에서 자유 발언을 하기 위해 긴 줄을 섰던 이들의 다수는 10~20대였다. 그동안 청년 세대가 정치에 관심 없는 집단으로 평가받아 왔던 것을 생각하면 놀라운 변화다. 2016년 말 광화문광장에서 만난 대학생 권 모 씨(25세)는 청년층 내부의 '정치적 각성'에 대해 이렇게 말했다.

> 이전까지 청년들은 자괴감, 좌절감을 주로 느꼈는데 촛불 집회를 계기로 대통령이 물러나는 경험까지 하게 되면 '우리 스스로 바꿀 수 있다.'는 자신감이 생기지 않을까요?

권 씨를 만나고 3개월 뒤 실제로 박 전 대통령은 탄핵됐다. 청년들의 능동성이 분출된 근본적인 힘은 누적된 분노였다. 권 씨는 "청년들이 '힘들다. 힘들다.' 할 때 기성세대가 이를 깔아뭉갠 논리가 '노력이 부족해. 더 열심히 했어야지.'였는데, 최순실·정유라 사태를 보면서 기성세대의 논리가 산산조각 나는 것을 느꼈다."고 했다.

세 번째는 청년층 투표율의 상승이다. 20대 총선에서 20~34세의 투표율은 19대 총선 대비 7.1~11.9퍼센트포인트 올랐다.

전 세대 가운데 가장 큰 상승폭이다. 이들의 투표율은 여전히 평균 투표율(58퍼센트)에 미치지 못했지만 청년들이 투표를 자신의 삶을 바꿀 수단으로 인식하기 시작했다는 점에서 의미 있는 변화였다.

2017년 5월에 치러진 19대 대선에서도 청년층의 투표율은 대폭 상승한 것으로 보인다. 중앙선거관리위원회는 아직 5월 9일 본투표의 연령별 투표율을 공개하지는 않았다. 하지만 사전 투표의 연령별 투표율을 미루어 볼 때 청년층의 투표율은 크게 높아졌을 것으로 추정된다. 사전 투표의 경우 전체 투표자(1,107만2,310명) 넷 중 한 명은 20대였다. '분노한 청년 유권자'가 그만큼 많았다는 얘기다.

마지막으로 현재 진행형인 변화가 있다. 정치 참여 의지가 강한 '세월호 세대'의 등장과 이들을 주축으로 한 투표 연령 인하 운동이다. 2016년 말, 취재팀의 일부는 민주주의와 삶을 주제로 시민 심층 인터뷰를 진행하는 과정에서 자신을 세월호 세대 혹은 '4·16세대'로 지칭하는 10대 후반, 20대 초반 청년들을 많이 만날 수 있었다. 이들은 정부와 사회의 책임, 그리고 시민으로서 자신의 역할을 다른 연령층에 비해 더 깊이 고민하는 것으로 보였다. 세월호 참사로 희생된 학생들과 같은 나이인 김재민 씨(20세)는 취재팀에게 세월호 참사를 먼저 언급하면서 이같이 말했다.

지금이야 분위기가 조성됐으니까 세월호에 대한 관심이 커졌는데 분명히 또 식을 거라 생각해요. 사람들이 잊으려고 할 때쯤 제가 뭘 할 수 있을지 고민하고 있어요. 버스킹 같은 것이라도 해보고 싶어요. 그 아이들(세월호 참사 희생자) 덕분에 여기까지 오게 됐잖아요. 미안하고 고맙잖아요.

탄핵 정국 전후로 불붙은 만 18세 참정권 보장 논의 역시 참여의식이 강한 세월호 세대의 등장과 맥락이 닿아 있다. 선거 연령 하향 조정은 사실 오랫동안 논쟁을 거듭해 온 사안이지만 이번에는 곧 청년 세대에 진입할 청소년들이 직접 정치권을 압박하고 나섰다는 점에서 양상이 과거와 다르다. 2017년 1월 임시국회에서 바른정당과 새누리당(현재 자유한국당)의 반대로 선거 연령 하향 조정 법안 처리가 불발되자 청소년들로 구성된 '박근혜하야 전국청소년비상행동'은 기자회견을 열고 "바른정당은 새누리당과 함께 해체해야 한다."며 강한 비판을 쏟아 내기도 했다. 최근 바른정당까지 선거 연령 하한을 만 19세에서 만 18세로 낮추는 법 개정 추진에 합류하면서 이들의 요구가 실현될 가능성이 높아졌다.

1년 전 취재팀이 처음 머리를 맞댔을 때만 해도 '부들부들'은 아직 발화점에 이르지 못한 분노였다. '부들부들'이 분노로, 분노가 변화를 향한 실천으로 진화할 때 한국 사회가 질적 전환을 맞이할 수 있으리라고 기대했지만 그렇게 되기까지는 오랜 시간이 걸릴 것이라고 내다봤다.

취재팀의 생각이 짧았다. 청년들의 눈빛은 그 어느 때보다 매서워졌다. 이들은 저소득층 청년 가구가 한 달에 고작 81만 원을 벌고, 자기 자신이 계약 기간 1년 이하의 비정규직으로 사회생활을 시작할 확률이 20퍼센트에 달하는 원인을 캐묻기 시작했다. 정치는 이제 어떻게 답할 것인가? 이제 막 취임한 문재인 대통령은 고용의 질과 삶의 질 개선을 위한 개혁 작업에 속도를 내고 있지만, 우리는 알고 있다. 세상은 한 번에 쉽게 바뀌지 않는다는 것을. 천천히 가더라도 제대로 구조를 바꿔 내야 한다는 것을.

청년을 사회 모서리로 내모는 구조가 완전히 부서지는 그날이 올 때까지 더 많은 청년들이 자신의 고통과 욕구에 대해 발언하고 행동할 수 있기를. 정치는 이들의 요구에 제대로 응답하기를. 그리하여 청년이 돈이나 사회적 지위에 구애받지 않고 누구나 당당하게 행복을 누리는 날이 오기를. 취재팀은 청년의 더 많은 '승리의 경험'을 꼼꼼히 기록하면서 그날을 기다리려 한다.

후마니타스의 책 | 발간순

러시아 문화사 | 슐긴·꼬쉬만·제지나 지음, 김정훈·남석주·민경현 옮김
북한 경제개혁연구 | 김연철·박순성 외 지음
선거는 민주적인가 | 버나드 마넹 지음, 곽준혁 옮김
미국 헌법과 민주주의(개정판) | 로버트 달 지음, 박상훈·박수형 옮김
한국 노동자의 임금실태와 임금정책 | 김유선 지음
위기의 노동 | 최장집 엮음
다보스, 포르투 알레그레 그리고 서울 | 이강국 지음
과격하고 서툰 사랑고백 | 손석춘 지음
그래도 희망은 노동운동 | 하종강 지음
민주주의의 민주화 | 최장집 지음
민주화 이후의 민주주의(개정2판) | 최장집 지음
침묵과 열광 | 강양구·김범수·한재각 지음
미국 예외주의 | 세미무어 마틴 립셋 지음, 문지영·강정인·하상복·이지윤 옮김
조봉암과 진보당 | 정태영 지음
현대 노동시장의 정치사회학 | 정이환 지음
일본 전후 정치사 | 이시가와 마스미 지음, 박정진 옮김
환멸의 문학, 배반의 민주주의 | 김명인 지음
어느 저널리스트의 죽음 | 손석춘 지음
전태일 통신 | 전태일기념사업회 엮음
정열의 수난 | 문광훈 지음
비판적 실재론과 해방의 사회과학 | 로이 바스카 지음, 이기홍 옮김
아파트 공화국 | 발레리 줄레조 지음, 길혜연 옮김
민주화 20년의 열망과 절망 | 경향신문 특별취재팀 지음
비판적 평화연구와 한반도 | 구갑우 지음
미완의 귀향과 그 이후 | 송두율 지음
한국의 국가 형성과 민주주의 | 박찬표 지음
소금꽃나무 | 김진숙 지음
인권의 문법 | 조효제 지음
디지털 시대의 민주주의 | 피파 노리스 지음, 이원태 외 옮김
길에서 만난 사람들 | 하종강 지음
전노협 청산과 한국노동운동 | 김창우 지음
기로에 선 시민입법 | 홍일표 지음
시민사회의 다원적 적대들과 민주주의 | 정태석 지음
한국 사회민주주의 정당의 역사적 기원 | 정태영 지음
지역, 지방자치, 그리고 민주주의 | 하승수 지음
금융세계화와 한국 경제의 진로 | 조영철 지음

도시의 창, 고급호텔 | 발레리 줄레조 외 지음, 양지은 옮김
정치적인 것의 귀환 | 샹탈 무페 지음, 이보경 옮김
정치와 비전 1 | 셸던 월린 지음, 강정인·공진성·이지윤 옮김
정치와 비전 2 | 셸던 월린 지음, 강정인·이지윤 옮김
정치와 비전 3 | 셸던 월린 지음, 강정인·김용찬·박동천·이지윤·장동진·홍태영 옮김
사회 국가, 한국 사회 재설계도 | 진보정치연구소 지음
법률사무소 김앤장 | 임종인·장화식 지음
여성·노동·가족 | 루이스 틸리·조앤 스콧 지음, 김영·박기남·장경선 옮김
민주 노조 운동 20년 | 조돈문·이수봉 지음
소수자와 한국 사회 | 박경태 지음
평등해야 건강하다 | 리처드 윌킨슨 지음, 김홍수영 옮김
재벌개혁의 현실과 대안 찾기 | 송원근 지음
민주화 20년, 지식인의 죽음 | 경향신문 특별취재팀 지음
한국의 노동체제와 사회적 합의 | 노중기 지음
한국 사회, 삼성을 묻는다 | 조돈문·이병천·송원근 엮음
국민국가의 정치학 | 홍태영 지음
아시아로 간 삼성 | 장대업 엮음, 강은지·손민정·문연진 옮김
우리의 소박한 꿈을 응원해 줘 | 권성현·김순천·진재연 엮음
국제관계학 비판 | 구갑우 지음
부동산 계급사회 | 손낙구 지음
부동산 신화는 없다 | 전강수·남기업·이태경·김수현 지음, 토지+자유연구소 기획
양극화 시대의 한국경제 | 유태환·박종현·김성희·이상호 지음
절반의 인민주권 | E. E. 샤츠슈나이더 지음, 현재호·박수형 옮김
민주주의와 법의 지배 | 아담 쉐보르스키·호세 마리아 마라발 외 지음, 안규남·송호창 외 옮김
박정희 정부의 선택 | 기미야 다다시 지음
의자를 뒤로 빼지마 | 손낙구 지음, 신한카드 노동조합 기획
와이키키 브라더스를 위하여 | 이대근 지음
존 메이너드 케인스 | 로버트 스키델스키 지음, 고세훈 옮김
시장체제 | 찰스 린드블롬 지음, 한상석 옮김
권력의 병리학 | 폴 파머 지음, 김주연·리병도 옮김
팔레스타인 현대사 | 일란 파페 지음, 유강은 옮김
자본주의 이해하기 | 새뮤얼 보울스·리처드 에드워즈·프랭크 루스벨트 지음,
최정규·최민식·이강국 옮김
한국정치의 이념과 사상 | 강정인·김수자·문지영·정승현·하상복 지음
위기의 부동산 | 이정전·김윤상·이정우 외 지음
산업과 도시 | 조형제 지음
암흑의 대륙 | 마크 마조워 지음, 김준형 옮김
부러진 화살(개정판) | 서형 지음
냉전의 추억 | 김연철 지음

현대 일본의 생활보장체계 | 오사와 마리 지음, 김영 옮김
복지한국, 미래는 있는가(개정판) | 고세훈 지음
분노한 대중의 사회 | 김헌태 지음
워킹 푸어, 빈곤의 경계에서 말하다 | 데이비드 K. 쉬플러 지음, 나일등 옮김
거부권 행사자 | 조지 체벨리스트 지음, 문우진 옮김
초국적 기업에 의한 법의 지배 | 수전 K. 셀 지음, 남희섭 옮김
한국 진보정당 운동사 | 조현연 지음
근대성의 역설 | 헨리 임·곽준혁 엮음
브라질에서 진보의 길을 묻는다 | 조돈문 지음
동원된 근대화 | 조희연 지음
의료 사유화의 불편한 진실 | 김명희·김철웅·박형근·윤태로·임준·정백근·정혜주 지음
대한민국 정치사회 지도(수도권편) | 손낙구 지음
대한민국 정치사회 지도(집약본) | 손낙구 지음
인권을 생각하는 개발 지침서 | 보르 안드레아센·스티븐 마크스 지음, 양영미·김신 옮김
불평등의 경제학 | 이정우 지음
왜 그리스인가? | 자클린 드 로미이 지음, 이명훈 옮김
민주주의의 모델들 | 데이비드 헬드 지음, 박찬표 옮김
노동조합 민주주의 | 조효래 지음
유럽 민주화의 이념과 역사 | 강정인·오향미·이화용·홍태영 지음
우리, 유럽의 시민들? | 에티엔 발리바르 지음, 진태원 옮김
지금, 여기의 인문학 | 신승환 지음
비판적 실재론 | 앤드류 콜리어 지음, 이기홍·최대용 옮김
누가 금융 세계화를 만들었나 | 에릭 헬라이너 지음, 정재환 옮김
정치적 평등에 관하여 | 로버트 달 지음, 김순영 옮김
한낮의 어둠 | 아서 쾨슬러 지음, 문광훈 옮김
모두스 비벤디 | 지그문트 바우만 지음, 한상석 옮김
진보와 보수의 12가지 이념 | 폴 슈메이커 지음, 조효제 옮김
한국의 48년 체제 | 박찬표 지음
너는 나다 | 손아람·이창현·유희·조성주·임승수·하종강 지음
(레디앙, 삶이보이는창, 철수와영희, 후마니타스 공동 출판)
정치가 우선한다 | 셰리 버먼 지음, 김유진 옮김
대출 권하는 사회 | 김순영 지음
인간의 꿈 | 김순천 지음
복지국가 스웨덴 | 신필균 지음
대학 주식회사 | 제니퍼 워시번 지음, 김주연 옮김
국민과 서사 | 호미 바바 편저, 류승구 옮김
통일 독일의 사회정책과 복지국가 | 황규성 지음
아담의 오류 | 던컨 폴리 지음, 김덕민·김민수 옮김
기생충, 우리들의 오래된 동반자 | 정준호 지음

깔깔깔 희망의 버스 | 깔깔깔 기획단 엮음
정치 에너지 2.0 | 정세균 지음
노동계급 형성과 민주노조운동의 사회학 | 조돈문 지음
시간의 목소리 | 에두아르도 갈레아노 지음, 김현균 옮김
법과 싸우는 사람들 | 서형 지음
작은 것들의 정치 | 제프리 골드파브 지음, 이충훈 옮김
경제 민주주의에 관하여 | 로버트 달 지음, 배관표 옮김
정치체에 대한 권리 | 에티엔 발리바르 지음, 진태원 옮김
작가의 망명 | 안드레 블첵·로시 인디라 지음, 여운경 옮김
지배와 저항 | 문지영 지음
한국인의 투표 행태 | 이갑윤
그들은 어떻게 최고의 정치학자가 되었나 1·2·3 | 헤라르도 뭉크·리처드 스나이더 지음,
정치학 강독 모임 옮김
이주, 그 먼 길 | 이세기 지음
법률가의 탄생 | 이국운 지음
헤게모니와 사회주의 전략 | 에르네스토 라클라우·샹탈 무페 지음, 이승원 옮김
갈등과 제도 | 최태욱 엮음
자연의 인간, 인간의 자연 | 박호성 지음
마녀의 연쇄 독서 | 김이경 지음
평화는 어떻게 만들어지는가 | 존 폴 레더라크 지음, 김동진 옮김
스웨덴을 가다 | 박선민 지음
노동 없는 민주주의의 인간적 상처들 | 최장집 지음
광주, 여성 | 광주전남여성단체연합 기획, 이정우 편집
한국 경제론의 충돌 | 이병천 지음
고진로 사회권 | 이주희 지음
스웨덴이 사랑한 정치인, 올로프 팔메 | 하수정 지음
세계노동운동사 1·2·3 | 김금수 지음
다운사이징 데모크라시 | 매튜 A. 크렌슨·벤저민 긴스버그 지음, 서복경 옮김
만들어진 현실(개정판) | 박상훈 지음
민주주의의 재발견 | 박상훈 지음
정치의 발견(개정3판) | 박상훈 지음
세 번째 개똥은 네가 먹어야 한다[자유인 인터뷰 1] | 김경미 엮음
골을 못 넣어 속상하다[자유인 인터뷰 2] | 김경미 엮음
한국 사회 불평등 연구 | 신광영 지음
논쟁으로서의 민주주의 | 최장집·박찬표·박상훈·서복경·박수형 지음
어떤 민주주의인가(개정판) | 최장집·박찬표·박상훈 지음
베네수엘라의 실험 | 조돈문 지음
거리로 나온 넷우익 | 야스다 고이치 지음, 김현욱 옮김
건강할 권리 | 김창엽 지음

복지 자본주의 정치경제의 형성과 재편 | 안재흥 지음
복지 한국 만들기 | 최태욱 엮음
넘나듦(通涉)의 정치사상 | 강정인 지음
막스 베버, 소명으로서의 정치 | 막스 베버 지음, 최장집 엮음, 박상훈 옮김
한국 고용체제론 | 정이환 지음
이것을 민주주의라고 말할 수 있을까? | 셸던 월린 지음, 우석영 옮김
경제 이론으로 본 민주주의 | 앤서니 다운스 지음, 박상훈·이기훈·김은덕 옮김
철도의 눈물 | 박흥수 지음
의료 접근성 | 로라 J. 프로스트·마이클 R. 라이히 지음, 서울대학교이종욱글로벌의학센터 옮김
광신 | 알베르토 토스카노 지음, 문강형준 옮김
뚱뚱해서 죄송합니까? | 한국여성민우회 지음
배 만들기, 나라 만들기 | 남화숙 지음, 남관숙·남화숙 옮김
저주받으리라, 너희 법률가들이여! | 프레드 로델 지음, 이승훈 옮김
케인스 혁명 다시 읽기 | 하이먼 민스키 지음, 신희영 옮김
기업가의 방문 | 노영수 지음
니콜로 마키아벨리, 군주론 | 니콜로 마키아벨리 지음, 박상훈 옮김
그의 슬픔과 기쁨 | 정혜윤 지음
신자유주의와 권력 | 사토 요시유키 지음, 김상운 옮김
코끼리 쉽게 옮기기 | 김영순 지음
사람들은 어떻게 광장에 모이는 것일까? | 마이클 S. 최 지음, 허석재 옮김
감시사회로의 유혹 | 데이비드 라이언 지음, 이광조 옮김
신자유주의의 위기 | 제라르 뒤메닐·도미니크 레비 지음, 김덕민 옮김
젠더와 발전의 정치경제 | 시린 M. 라이 지음, 이진옥 옮김
나는 라말라를 보았다 | 무리드 바르구티 지음, 구정은 옮김
가면권력 | 한성훈 지음
반성된 미래 | 참여연대 기획, 김균 엮음
선택이라는 이데올로기 | 레나타 살레츨 지음, 박광호 옮김
세계화 시대의 역행? 자유주의에서 사회협약의 정치로 | 권형기 지음
위기의 삼성과 한국 사회의 선택 | 조돈문·이병천·송원근·이창곤 엮음
말라리아의 씨앗 | 로버트 데소비츠 지음, 정준호 옮김
허위 자백과 오판 | 리처드 A. 레오 지음, 조용환 옮김
민주 정부 10년, 무엇을 남겼나 | 참여사회연구소 기획, 이병천·신진욱 엮음
민주주의의 수수께끼 | 존 던 지음, 강철웅·문지영 옮김
왜 사회에는 이견이 필요한가(개정판) | 카스 R. 선스타인 지음, 박지우·송호창 옮김
관저의 100시간 | 기무라 히데아키 지음, 정문주 옮김
우리 균도 | 이진섭 지음
판문점 체제의 기원 | 김학재 지음
불안들 | 레나타 살레츨 지음, 박광호 옮김
스물다섯 청춘의 워킹홀리데이 분투기 | 정진아 지음, 정인선 그림

민중 만들기 | 이남희 지음, 유리·이경희 옮김
불평등 한국, 복지국가를 꿈꾸다 | 이정우·이창곤 외 지음
알린스키, 변화의 정치학 | 조성주 지음
유월의 아버지 | 송기역 지음
정당의 발견(개정판) | 박상훈 지음
비정규 사회 | 김혜진 지음
출산, 그 놀라운 역사 | 티나 캐시디 지음, 최세문·정윤선·주지수·최영은·가문희 옮김
내가 살 집은 어디에 있을까? | 한국여성민우회 지음
브라질 사람들 | 호베르뚜 다마따 지음, 임두빈 옮김
달리는 기차에서 본 세계 | 박홍수 지음
GDP의 정치학 | 로렌조 피오라몬티 지음, 김현우 옮김
미래의 나라, 브라질 | 슈테판 츠바이크 지음, 김창민 옮김
정치의 귀환 | 유창오 지음
인권의 지평 | 조효제 지음
설득과 비판 | 강철웅 지음
현대조선 잔혹사 | 허환주 지음
일본 전후 정치와 사회민주주의 | 신카와 도시미쓰 지음, 임영일 옮김
모두에게 실질적 자유를 | 필리페 판 파레이스 지음, 조현진 옮김
백 사람의 십 년 | 펑지차이 지음, 박현숙 옮김
노동시장의 유연성-안정성 균형을 위한 실험 | 조돈문 지음
나는 오늘 사표 대신 총을 들었다 | 마크 에임스 지음, 박광호 옮김
도시의 역설, 젠트리피케이션 | 정원오 지음
포스트 케인스학파 경제학 입문 | 마크 라부아 지음, 김정훈 옮김
미국의 한반도 개입에 대한 성찰 | 장순 지음, 전승희 옮김
민주주의 | EBS 다큐프라임 〈민주주의〉 제작팀·유규오 지음
지연된 정의 | 박상규·박준영 지음
마르크스를 위하여 | 루이 알튀세르 지음, 서관모 옮김
양손잡이 민주주의 | 최장집·박찬표·서복경·박상훈 지음
그런 여자는 없다 | 게릴라걸스 지음, 우효경 옮김
불타는 얼음 | 송두율 지음
촛불의 헌법학 | 이준일 지음
사자가 소처럼 여물을 먹고 | 한완상 지음
헌법의 약속 | 에드윈 카메론 지음, 김지혜 옮김, 게이법조회 감수
민주주의의 시간 | 박상훈 지음
여공 문학 | 루스 배러클러프 지음, 김원·노지승 옮김
부들부들 청년 | 경향신문 특별취재팀 지음